COMUNICACIÓN Y DESARROLLO EN LA SOCIEDAD DIGITAL:
NUEVOS DISCURSOS Y VIEJOS VALORES DEL PODER CULTURAL

— *Colección Comunicación e Información Digital* —

COMUNICACIÓN Y DESARROLLO EN LA SOCIEDAD DIGITAL: NUEVOS DISCURSOS Y VIEJOS VALORES DEL PODER CULTURAL

Coordinadores

Carmen Cantillo Valero
Javier Gil Quintana

Autores
(por orden de aparición)

Carmen Cantillo Valero
Javier Gil Quintana
Jesús Pascual Aragoneses
Natalia Díaz Delgado
Alejandro Buldón Olalla
Óscar Almazán López
Lucía Camarero Cano
Antonia Moreno Cano
Lina Margarita Henao
Emilio Gómez Canseco
Valentina Moreno Zambrano

EGREGIUS
ediciones

**COMUNICACIÓN Y DESARROLLO EN LA SOCIEDAD DIGITAL:
NUEVOS DISCURSOS Y VIEJOS VALORES DEL PODER CULTURAL**

Ediciones Egregius
www.egregius.es

Diseño de cubierta e interior: Francisco Anaya Benítez

© Los autores

1ª Edición. 2018

ISBN 978-84-17270-49-0

ÍNDICE

PRESENTACIÓN

COMUNICACIÓN Y DESARROLLO EN LA SOCIEDAD DIGITAL: NUEVOS DISCURSOS Y VIEJOS VALORES DEL PODER CULTURAL

Dra. Carmen Cantillo Valero
Universidad Nacional de Educación a Distancia, España
Dr. Javier Gil Quintana
Universidad Nacional de Educación a Distancia, España

Las industrias culturales están integradas en una constante estrategia mercantil y comunicativa de producción en cadena. A través de unas prácticas de inevitable serialización, que establece el mercado, se tratan los productos culturales a modo de manufactura simbólica, cuyo único objetivo es configurar la conciencia colectiva. Así, encontramos que nuestros gustos son objeto de explotación mercantil a través de las industrias culturales, se producen "en serie" imágenes y discursos con una variedad simulada, donde sólo cambian los contextos, los medios, los personajes, los formatos, etc. pero cuyo único enfoque está dirigido a fomentar un consumo acrítico. Esta aparente pluralidad oculta un poder hegemónico, de corte mercantilista, que mantiene y reproduce un mismo modelo cultural que excluye e inferioriza las diferencias.

A través del presente simposio se han identificado las prácticas comunicativas existentes en la Sociedad Digital. Se analizaron los nuevos discursos generados en las Redes Sociales Digitales y otros entornos de socialización y desarrollo de grupos sociales, como las comunidades de fans, los escenarios de formación, los espacios educativos, etc. Poniendo en común experiencias prácticas realizadas en entornos académicos formales y de educación informal para dar a conocer cómo se desarrollan las identidades digitales, se perpetúan estereotipos, se comparten valores, se naturalizan unas situaciones y se invisibilizan otras, de modo que se desnaturalicen las marcas que dicha desigualdad producen en la construcción de la cultura digital para que puedan ser investigadas.

Para abordar esta problemática en el VII Congreso Internacional de Investigación en Comunicación e Información Digital, celebrado en Zaragoza durante los días 8, 9 y 10 de noviembre de 2017 se han abordado las siguientes líneas temáticas:

- Los memes ¿una nueva forma de crear estereotipos?

- Análisis crítico de las Narrativas digitales.

- Odio digital.

- Desigualdad de género y violencia simbólica en la narrativa digital.

- Análisis crítico del cine infantil.

- Experiencias educativas de educación inclusiva.

- El papel del profesorado como agentes de cambio social.

- Brecha digital.

- Desprotección de la infancia ante los medios.

- Otras propuestas.

En este capítulo se recogen los trabajos presententados en el Simposio 25 vinculados a dichas áreas temáticas y cuyos textos finales se relaionan a continuación:

- 01.-**Ponencia S25-01. Carmen Cantillo Valero y Javier Gil Quintana.** *Los memes en la construcción del discurso del odio en la Red.*

- 02.-**Ponencia S25-02. Jesús Pascual.** *La disparidad de género en los medios digitales.*

- 03.-**Ponencia S25-04. Natalia Díaz Delgado.** *Experiencia en las aulas de una práctica gamificada basada en técnicas de videojuegos.*

- 04.-**Ponencia S25-05. Oskar Almazán López y Alejandro Buldón Olalla.** *Los sMOOC, una oportunidad de educación para la salud basada en habilidades.*

- 05.-**Ponencia S25-06. Lucía Camarero Cano, Antonia Moreno Cano y Lina Margarita Henao.** *Competencias mediáticas en la convergencia de medios comunicativos. Estudio de caso: conocimiento, calidad y percepción de la información sanitaria relacionada con el dengue en Bucaramanga, Colombia.*

- 06.-**Ponencia S25-09. Emilio Gómez Canseco.** *El modelo de educación sexual transmitido por las aplicaciones para ligar en 2017.*

- 07.- **Ponencia S06-19. Valentina Moreno Zambrano.** La enseñanza del proceso de producción multimedia en educación secundaria.

CAPÍTULO I

LOS MEMES EN LA CONSTRUCCIÓN DEL DISCURSO DEL ODIO EN LA RED

Dra. Carmen Cantillo Valero
Universidad Nacional de Educación a Distancia, España
Dr. Javier Gil Quintana
Universidad Nacional de Educación a Distancia, España

Resumen

El término "discurso del odio" se emplea para referirse a comentarios que incitan a la violencia y la discriminación y abarca diversos contextos: racismo, xenofobia, terrorismo, ideologías religiosas, de género, discapacidad, etc. incluye diferentes manifestaciones y, en concreto, en la Red, puede alcanzar cotas insospechadas, apoyadas en la sensación de impunidad que provocan estos entornos.

Las redes sociales digitales incorporan una serie de características que incrementan la sensación de libertad para convertir este fenómeno en algo descontrolado. El anonimato y la facilidad de propagar imágenes e ideas simplificadas genera un caldo de cultivo propicio para mermar la dignidad de personas y colectivos, convirtiendo Internet en un espacio de comunicación incivilizado y muy peligroso.

En este artículo se muestran y analizan algunas imágenes viralizadas en Internet y los mensajes de odio que éstas suscitan. A través de un estudio etnográfico se reflexiona acerca de los contextos donde tienen lugar estos actos, prestando especial atención a las prácticas comunicativas existentes en la Sociedad Digital, las relaciones sociales y los discursos donde se reduce la empatía hacia ciertos colectivos deshumanizados, además, se intenta arrojar luz sobre cómo a través de las redes sociales digitales se difunden estas imágenes e ideas cargadas de prejuicios, henchidas de sentimientos de ira y resentimiento. Como alternativa ante esta propagación contagiosa del odio se proponen prácticas educativas y el desarrollo del pensamiento crítico a través de una alfabetización audiovisual con la que se construya la "ciudadanía digital" del siglo XXI.

Palabras clave

meme, odio digital, comunicación, alfabetización crítica, ciudadanía digital.

Introducción

Las relaciones sociales tienen su base en la comunicación. El mundo, a través de Internet, cada día se vuelve más interdependiente y, a un ritmo vertiginoso, se abren nuevos cauces de comunicación e interacción, se establecen redes de participación, de debate y acceso a otras culturas y opiniones. Estos nuevos sistemas de comunicación global han afectado a todas las dimensiones y niveles de la existencia humana, han provocado cambios sociales que están configurando un nuevo modelo del yo y de la persona, donde lo tecnológico tiene un valor de referencia que marca la sociedad en la que vivimos.

La deslocalización y destemporalización que proporcionan las redes nos hacen pensar que estamos más cerca, aunque nos encontremos cada vez más lejos y dentro de un anonimato masivo. Esta percepción no se limita sólo a la distancia física, sino que abarca a toda una serie de contextos, relaciones, necesidades, estados y situaciones, llegando en algunos casos a convertirse en un fenómeno descontrolado, o peor aún, dañino que afecta a las relaciones sociales que se generan en torno a estas comunidades digitales y, en definitiva, a la dignidad humana (Gil-Quintana, 2016).

Nos estamos refiriendo a los "discursos del odio", que aprovechan el enorme poder multiplicador de las redes digitales para llevar al extremo comentarios envenenados de rabia, insultantes, amenazadores, humillantes, de acoso e intimidación, que buscan provocar la violencia o incitar el desprecio hacia ciertos colectivos. Así, encontramos opiniones y todo tipo de intolerancias homófobas, machistas, antisemitas y racistas sustentadas en la imagen simplificada y estereotipada del meme del momento, con el que cada vez se torna más fina la línea que separa la representación plástica de la representación lingüística.

Diferentes estudios sobre el formato empleado en las redes sociales para compartir información encuentran coincidencias en las dimensiones utilizadas, donde "predominan las fotonoticias, seguidas por los vídeos, las frases ilustradas, los memes y por último las caricaturas" (Villa Montolla, 2017:126). Los mencionados memes son figuras e imágenes que surgen a través de unos diseños simplificados y que llevan las situaciones a la más elemental y estereotipada representación de la realidad. Son "la conjunción de una imagen y un texto, humorístico las más de las veces, difundido por Internet. Sin embargo, el término es el centro de una teoría de la evolución cultural: la memética, y se refiere a la mezcla de las palabras memoria y mímesis (imitación)" (Martínez, 2014:7) y referidos al fenómeno mediático encontramos la definición de Delia Rodríguez cuando afirma que

Como consecuencia de una comunicación masiva y descentralizada se generan una serie de acalorados comentarios simplistas entrelazados con los virales memes estereotipados, dando lugar a múltiples afirmaciones en diferentes sentidos y, donde la imagen se erige como la realidad misma, no como su representación. En declaraciones de Watzlawick (1985) "la más peligrosa manera de engañarse a sí mismo es creer que sólo existe una realidad"; aunque, observamos que estas comunicaciones visuales establecen una estrecha interdependencia entre la realidad y la comunicación eficaz.

Actualmente, existe cierto desconocimiento acerca de los discursos de odio digital y las causas que promueven esa violencia; sin embargo, se trata de un tema que preocupa a las instituciones oficiales, pues muchas ONG's trabajan en el campo de la prevención, la educación y la promoción. Algunos ejemplos de organizaciones que luchan contra el discurso del odio son: UNITED *for Intercultural Action,* red europea en contra del nacionalismo, el racismo, el fascismo y de apoyo a inmigrantes y refugiados, que desarrolla estrategias pedagógicas informales e innovadoras para una educación antirracista. MCI (Movimiento Contra la Intolerancia), organización no gubernamental que trabaja activamente en contra de toda manifestación de odio y su violencia en cualquiera de sus formas de racismo, xenofobia, antisemitismo, homofobia o aporofobia. Ambas desarrollan proyectos educativos, de atención a víctimas de los crímenes y ofensas del odio, a través de la investigación permanente sobre grupos neonazis, e incidentes y delitos relacionados con la intolerancia.

A pesar de que el interés institucional va en aumento, día a día aparecen en la red "debates" y comentarios, que en algunos casos se convierten en vejaciones como los vertidos tras la muerte de Bimba Bosé, o contra el árbitro homosexual Jesús Tomillero, o los insultos tras la muerte del torero Víctor Barrio, etc. que adquieren la dimensión de delito y, por tanto, necesitan de medidas punitivas. En este artículo analizamos algunos casos con una menor carga perversa... o no, puesto que aprovechan el enorme poder multiplicador de Internet para ir saltando de plataforma en plataforma sembrando memes y odio entre la ciudadanía digital, sobre la que se construye una sociedad acrítica y sin valores.

Para el sociólogo Manuel Castells, es una "autocomunicación interactiva que, en gran medida, los gobiernos y las empresas tienen dificultad para controlar" (Castells, 2012:24). Es alarmante saber que se puede llegar a odiar sin motivo alguno y que existen lagunas legales para detener este odio; además, si este nivel de agresividad verbal que muestran *troles*[1] y *haters*[2] no sólo se constriñe a la red, sino que traspasa las fronteras virtuales y llega a la vida real, como ya ha sucedido en alguna ocasión, nos cuestionamos: ¿qué mecanismos provocan la construcción del discurso del odio digital?, ¿en qué bases se fundamenta?, ¿cómo progresa entre la ciudadanía digital?, ¿existen estrategias jurídicas, educativas, o de otro tipo para combatir el discurso del odio?, etc.

Método

A la hora de establecer el objeto de la investigación podemos plantearlo con las preguntas que formulamos en el apartado anterior, estableciendo los espacios limítrofes que se excluyen, como son los aspectos jurídicos del odio en Internet y las redes sociales o las campañas contra el discurso del odio en Internet que, aunque nos puedan servir para enmarcar el problema en cuestión, exceden del ámbito que podemos abarcar en la presente comunicación. No obstante, sí partimos de la formulación de hipótesis que inciden en un mayor conocimiento del problema analizado, como es que la motivación de las personas usuarias está asociada a la adquisición de un estatus personal dentro del grupo social donde maniobran, por tratarse de un marco competitivo, o que estamos ante fenómenos propios de la cultura de la Red, y en los que los medios de comunicación masivos promueven -en ocasiones- discursos que refuerzan los estereotipos negativos. Las hipótesis, así definidas, son los "puntos de partida sobre los que se barajan las

---

[1] Persona que publica mensajes provocadores, irrelevantes o fuera de tema en una comunidad en línea, como pueden ser un foro de discusión, sala de chat, comentarios de blog, o similar, con la principal intención de molestar o provocar una respuesta emocional negativa en los usuarios y lectores, con fines diversos (incluso por diversión) o, de otra manera, alterar la conversación normal en un tema de discusión, logrando que los mismos usuarios se enfaden y se enfrenten entre sí. (Fuente: Wikipedia).

[2] Odiador, hace referencia a un término empleado en Internet para denominar a los usuarios que generalmente desprecian, difaman o critican destructivamente a una persona, a una entidad, a una obra, a un producto o a un concepto en particular, por causas poco racionales o por el mero acto de difamar. (Fuente: Wikipedia).

posibilidades de respuesta" (Callejo y Viedma, 2006:100) y nos permitirán responder a las preguntas anteriormente señaladas.

Con la intención de conocer hasta qué punto el desarrollo de la imagen -en un entorno donde el texto y la imagen contribuyen a fortalecer los prejuicios- podremos estudiar las características de los formatos empleados por las personas usuarias y las conexiones entre los comentarios utilizados, incluyendo la cultura visual digital del siglo XXI. Todo ello contribuirá a dar respuestas a las preguntas e hipótesis de investigación, puesto que hablan de motivos, actitudes, tendencias, etc. Un tipo de reflexiones y análisis que sólo pueden obtenerse desde una perspectiva cualitativa y etnográfica, dado que el objeto de estudio no nos demanda tener un conocimiento estadístico del campo de estudio, evitaremos las técnicas cuantitativas para esta investigación.

Por todo lo expuesto, la perspectiva de análisis se basa en el paradigma interpretativista, ya que nuestra intención es lograr un acercamiento al individuo para comprender las motivaciones e intenciones que le llevan a realizar sus creaciones (memes), compartirlas o mostrarlas en la Red, así como expresar comentarios que provoquen la disputa y el odio hacia ciertos individuos y/o colectivos sociales. Aunque, en este caso no tratamos sus intervenciones en la Red, sino su visión e interpretación personal, su yo interno, al que nos aproximaremos incorporando la subjetividad inherente a la perspectiva empleada. Para reflexionar acerca de la información compartida en las redes sociales digitales y alcanzar unas conclusiones que puedan ser el inicio de un debate sobre el tema del odio digital se aplicará la técnica de la etnografía virtual, utilizando herramientas de observación, confeccionadas en el seguimiento de algunos mensajes compartidos en las redes, se analizan las imágenes y comentarios que comparten en ellas, así como el alcance y difusión que han tenido en algunos medios masivos de comunicación, es decir, se exploran con detalle la forma en que se experimenta la eclosión de un conglomerado de expresiones encaminadas hacia la intolerancia y la violencia en todas sus manifestaciones.

Desarrollo

El pasado mes de noviembre de 2016 se aprobaba en Holanda un proyecto de ley que prohibía el uso de burkas y niqabs en edificios estatales y en el transporte público. En el diario digital El Mundo se hacía referencia a esta noticia, donde se especificaba que

> Estos velos, utilizados por las mujeres musulmanas, estarán prohibidos en hospitales, escuelas, el transporte público de cercanías y edificios públicos. De esta forma, Holanda se convierte en el cuarto país europeo en prohibir el burka, después de Francia, Bélgica y Bulgaria. El velo impide la comunicación e identificación, declaró el ministro del Interior, el so-

cialdemócrata Ronald Plasterk, en el Parlamento. En los edificios públicos es "decisivo" que la gente pueda "verse entre sí", consideró. (El Mundo, 29 de noviembre de 2016)

<table>
<tr><td>(Imagen: El Mundo con varias mujeres con niqab visitando el Senado holandés durante la tramitación de la ley)</td><td>(Imagen del 2 de agosto de 2017 en Theguardian https://www.theguardian.com/world/2017/aug/02/bus-seats-mistaken-burqas-anti-immigrant-group-norwegian)</td></tr>
</table>

Algunos meses más tarde (agosto de 2017), medios digitales de todo el mundo se hacían eco de la burla maquinada por un usuario (Johan Slåttavik) al publicar la imagen de unos asientos de autobús vacíos en el grupo noruego de Facebook *Fedrelandet viktigst* (Patria primero), incluyendo la pregunta "¿qué piensa la gente acerca de esto?"

Los miembros del grupo de Facebook creyeron que estaban ante la fotografía de un autobús lleno de mujeres vestidas con burka, una prueba indiscutible de la "islamización" que imperaba en Noruega. No tardarían en aparecer comentarios acalorados acerca de esta imagen, que se calificaba como "aterradora", "trágica" y "repugnante", entre otros (según las declaraciones de Johan Slåttavik a <u>Independent</u> y las capturas de pantallas publicadas en el sitio de noticias noruego <u>Nettavisen</u>). Este grupo, formado por más de 13.000 miembros recibía múltiples réplicas y comentarios exaltados, así como algunas preguntas acerca de si los pasajeros inexistentes podrían llevar bombas o armas debajo de sus ropas. Ante lo que otros miembros instaban a que las autoridades prohibieran la subida al autobús a este tipo de pasajeros "Esto parece realmente aterrador". "Debería ser prohibido. No puedes decir quién está debajo. Podrían ser terroristas". Además, estas declaraciones se hacían con base en otras legislaciones, como la holandesa, que expresamente prohibe "usar burka y niqab en transporte público". Por tanto, los encolerizados comentarios buscaban que la legislación diera forma legal a un derecho que ya otros países cercanos habían positivado dentro de su ordenamiento jurídico.

Otros comentarios decían: "Es Horrible. Esto nunca debería suceder","El Islam es y siempre será una maldición","Sáquenlos de nuestro país, estamos viviendo tiempos espantosos" y "Pensé que sería así en el año 2050, pero esto está sucediendo AHORA", (comentarios recogidos por el diario digital <u>thelocal.no</u> y otros medios). Esta convulsión sucedía en los límites de un grupo destinado a personas que, como forma parte de su autodefinición: "aman a Noruega y aprecian por lo que lucharon nuestros antepasados"; por tanto, sus conversaciones no se propagaban fuera de este colectivo, ni entrarían en la discusión personas que no fueran afines a sus ideales. Sin embargo, cuando el autor de la publicación desveló la imagen completa, donde se comprobaba que lo que estaban viendo sólo eran asientos vacíos de un autobús, hubo una persona, Sindre Beyer, ex-diputado del Partido Laborista y seguidor del grupo, que publicó 23 páginas con capturas de pantallas de los comentarios indignados de los miembros de *Fedrelandet viktigst*.

(Imagen del post publicado por Sindre Beyer en su perfil de Facebook el 28 de julio de 2017 https://www.facebook.com/sindre.beyer

Éste fue el post publicado en Facebook y compartido más de 2.030 veces, con la pregunta: "¿Qué sucede cuando una foto de algunos asientos de autobús vacíos se publica en un desagradable grupo de Facebook, y casi todo el mundo piensa que ven un montón de burkas?".

El "prestigio" del grupo, en este instante, quedaría socialmente ridiculizado. Tras la lectura de la mayoría de los comentarios se deduce que los miembros del grupo *Fedrelandet viktigst* consideraron que la foto era una evidencia de la "islamización" de Noruega, aunque también hubo una minoría de comentarios que sí detectaron que se trataba de asientos de autobuses, incluso uno de ellos les advirtió de estar haciendo el ridículo. En realidad no estaban contemplando mujeres con burka, sino una representación imaginaria de ellas, lo que nos recuerda el "realismo mágico" de Magritte.

| Obra de René Magritte (Esto no es una pipa) | Símil de la obra de Magritte (a modo de meme) |

Cuando surge el comentario, la imagen se torna débil y traza una ondeante línea entre las formas representadas y la contingencia de las palabras que las identifican. Estamos ante una realidad inestable, inconclusa y efímera y carecemos de la materialidad objetiva con la que contrastar nuestros pensamientos. Como afirma Magritte en *Les mots et les images*: "Todo parece indicar que apenas existe relación entre el objeto y aquello que lo representa"; por tanto, no es de extrañar que quien contemple una imagen tienda instintivamente a buscar un vínculo de significación entre las imágenes que esté observando y sus referentes externos, condicionados estos por la presión del grupo, su ideología, el contexto social y geográfico, etc.

> (...) los hombres (sic), en general, juzgan más con los ojos que con las manos, porque todos pueden ver, pero pocos tocar. Todos ven lo que pareces ser, mas pocos saben lo que eres; y estos pocos no se atreven a oponerse a la opinión de la mayoría, que se escuda detrás de la majestad del Estado. (Maquiavelo, 1999:120)

La publicación de la fotografía tomada y mostrada en su totalidad desconcertó al público espectador, una vez más, porque la aparente identidad que se confirió al encuadre del primer post había desaparecido y con ella la carga de "racismo ciego", como así comentó Johan Slåttavik a Nettavisen a Noruega TV2. Declaraciones en las que hizo hincapié de que su intención era "resaltar la diferencia entre la crítica legítima de la inmigración y el racismo ciego", además de estar "interesado en ver cómo las percepciones de las personas acerca de una imagen están influenciadas por las reacciones de quienes están a su alrededor". Sin embargo, algunas voces de las 13.000 que formaban el grupo (ahora cerrado al público tras esta polémica) también reflexionaban acerca de sus comentarios días atrás:

(Imagen publicada en Nettavisen el 1 de agosto de 2017
http://www.nettavisen.no/nyheter/innenriks/facebook-innlegg-om-tomme-busseter-gar-viralt--
-det-ser-da-virkelig-skummelt-ut-kan-vre-terrorister-med-vapen/3423359933.html)

Beyer comentó en Nettavisen: "Estoy sorprendido por la cantidad de odio y falsas noticias que se difunden allí [en la página de *Fedrelandet viktigst*]. El odio que se exhibía hacia algunos asientos de autobús vacíos realmente muestra que los prejuicios triunfan sobre la sabiduría". Slåttavik iba más allá "Es por eso que compartí el post para que más gente pueda ver lo que está sucediendo en los rincones oscuros de la web", reflexionando en voz alta acerca de los mecanismos sociales que comprobó tras su primer impulso por compartir algo divertido. Los cuales han estado enfocados hacia la polarización del grupo, la forma de percibir la imagen de la gente y la influencia de su grupo de socialización.

Al mostrar la imagen íntegra se hace visible lo que el meme dejaba en el terreno de lo no percibido, o dicho en otros términos: se presenta una imagen capaz de ofrecer una percepción visual pura del mundo representado, sin interpretaciones, sin escondites ni espacios velados que relacionen el prejuicio con la imagen. La lectura de estas dos interpretaciones consigue varias moralejas o puntos de reflexión que el pueblo noruego, de la mano del autor del post, se han formulado en diferentes medios de comunicación: la diferencia entre la crítica "legítima" por la inmigración y el racismo y la xenofobia ciega; que los comentarios de un individuo independiente distan mucho de los emitidos cuando este mismo individuo se siente "arropado" por su grupo; como que se puede encontrar confirmación a las propias ilusiones, partiendo de imaginar lo que estamos viendo, sin hacer una reflexión esmerada. Aunque, lo que queda claro en los polémicos comentarios es que la respuesta rápida, la irreflexión y el feedback estereotipado arrancan de los impulsos más viscerales, haciendo que los medios sociales se estén "... transformando en medios de emoción. No somos ciudadanos informados, somos *grupies* de la información que nos excita: con la que nos alteramos y automedicamos." (Rodríguez, 2013:123)

Por otro lado, la tendencia a interpretar una información incompleta para confirmar nuestras ideas y creencias se conoce en psicología como "sesgo de confirmación", que es "la tendencia a favorecer, buscar, interpretar y recordar la información que confirma las propias creencias o hipótesis, dando desproporcionadamente menos consideración a posibles alternativas." (Wikipedia). Se obvian otras alternativas posibles, que son mucho más reales y admisibles. Además, se trata de un error que es más potente en las publicaciones con contenido de índole emocional o ligadas a creencias fuertemente enraizadas. Circunstancias, que en ambos casos, se encuentran en la publicación y el grupo objeto de estudio.

El lenguaje del odio

La instigación al odio implica la degradación del "otro", como decía Maquiavelo (1999) "los hombres ofenden por miedo o por odio" (p.54). Así, en la actualidad descubrimos que Internet, y en concreto, las redes sociales se han convertido en herramientas para promover el acoso entre jóvenes. Encontrando burlas y otras formas de bullying, como amenazas, insultos, apodos denigrantes y publicación de información privada, que afecta tanto a personas famosas como a anónimas. Twitter, Facebook y Google+, encuentran escaparates donde la apariencia física es el principal motivo de burla en esta franja de edad, como así lo recoge un estudio realizado por ESET en 2013 publicado por <u>elcomercio</u>, donde estas redes sociales se llevan el 82,7% de los casos.

El insulto más común en este tipos de *ciberbullying*, se lleva a cabo a través de fotos o memes retocados (48%). La mayoría de mujeres son atacadas por insultos sexistas y los hombres por su orientación sexual. Comentarios y memes ofensivos que, machacan la autoestima de los adolescentes, puesto que se encuentran en una etapa evolutiva en la que es más peligroso, si cabe, utilizar este tipo de insultos, ya que es cuando más cambios psicológicos, biológicos y sociales se experimentan.

En este sentido, encontramos la imagen de Andrea Janeiro (la hija de Belén Esteban, personaje mediático conocida por sus apariciones en la prensa rosa y otros medios masivos de comunicación) que recientemente, se convertía en *Trending Topic*. Aprovechando su mayoría de edad, y con ello el fin de la prohibición de publicar sus imágenes, miles de *haters* lanzaban todo tipo de comentarios enfocados hacia la crítica fácil de su físico. Memes como el de la imagen se propagaban por redes sociales como Facebook, WhatsApp, Twitter, etc. convirtiendo a la adolescente en el centro de una campaña de acoso cibernético por parte de jóvenes y adultos.

(Imagen publicada en http://www.wasapeo.com/index.php/2-humor/12429-firma-la-peticion-para-que-sigan-pixelando-la-cara-de-andreita)

Aparecieron memes creados por usuarios, como ejemplo de la ampliación del mundo ficticio a través del transmedia que define Scolari (2009), que publicaron sus propias versiones ridiculizantes, y apoyados en el anonimato de las redes se convirtieron en el fantasma que, fácilmente, podría destruir la vida de esta adolescente.

Ante este tipo de comentarios y publicaciones se abrió un debate entre la libertad de expresión que confieren las redes sociales y la impunidad que las convierte en refugio anónimo para que ciertos sujetos puedan canalizar su odio y rencor.

Los comentarios estereotipados, que aparecían en las redes digitales contenían mensajes reduccionistas y maniqueos, que apelarían a los bajos instintos de ciertos sectores de la sociedad. Algunas personas, recordando que su madre, Belén Esteban, había vendido durante los últimos años su intimidad, ahora justificaban estas actuaciones como consecuencias de las realizadas por su madre en los medios, percibiendo este tipo de comunicación como un auténtico desahogo. Así, encontramos comentarios viscerales y espontáneos que apelan a los instintos, a las tripas, no a lo cerebral, ni a la razón; por tanto, demuestran la poca capacidad reflexiva de esta pseudo-comunicación.

Tal magnitud adquirieron los debates en las redes que la Policía Nacional, desde su perfil en Twitter, tuvo que lanzar un mensaje de atención y respeto hacia la adolescente.

La proliferación de mensajes de odio en las redes se ha trivializado y parece quitar importancia a algo con más enjundia. Estos energúmenos están como en cualquier sociedad, aunque habría que replantearse esa moral con doble vara de medir que, por un lado, critica los acosos y, por otro, los defiende con base en no sé qué libertad de expresión, remitiendo a la actualización de la jurisprudencia para afrontar unos delitos cuyo rastreo se complica aún más por el contexto en el que suceden.

(Imagen del Tweet en https://twitter.com/policia/status/888055009644089344)

Situaciones tan cercanas en el tiempo hacen más difícil augurar el impacto en la sociedad que tendrá esta irrupción de odio descontrolado en las redes. Además, estos espacios se declaran como entornos de socialización que, de manera inconsciente, modelan las actitudes y las opiniones. Aunque, sin un análisis posterior, longitudinal y con enfoques interdisciplinares se nos presenta un handicap que es futurible, puesto que habrá consecuencias que se queden fuera de este estudio, pero también será el pistoletazo de salida para formentar el debate sobre el discurso del odio digital, todo lo cual, sin duda, podrá ser incorporado como marco teórico de otras investigaciones.

Podemos imaginar repercusiones tan negativas en la vida de un adolescente como el que compartía Wentworth Miller, el protagonista de la serie estadounidense *Prison Break*, en marzo de 2016, cuando hacía referencia a los pensamientos autodestructivos y suicidas que le provocaron contemplar un meme suyo con el texto "cuando sales de la cárcel y descubres que hay un monopolio de McDonald's", el cual suscitó cierta polémica en las redes sociales. Al cabo de los años, este actor compartió una carta explicando los motivos que le habían llevado a engordar (una fuerte depresión), así como las sensaciones que había experimentado ante la visión del meme compartido en 2010: "Hoy me he encontrado como protagonista de un meme de internet. No es la primera vez. Esta vez, sin embargo, destaca sobre las demás. En 2010, casi retirado de la actuación, mantuve una vida discreta por un determinado número de razones. La primera y principal: tenía pensamientos suicidas", "Avergonzado y sufriendo, me consideraba un objeto defectuoso".

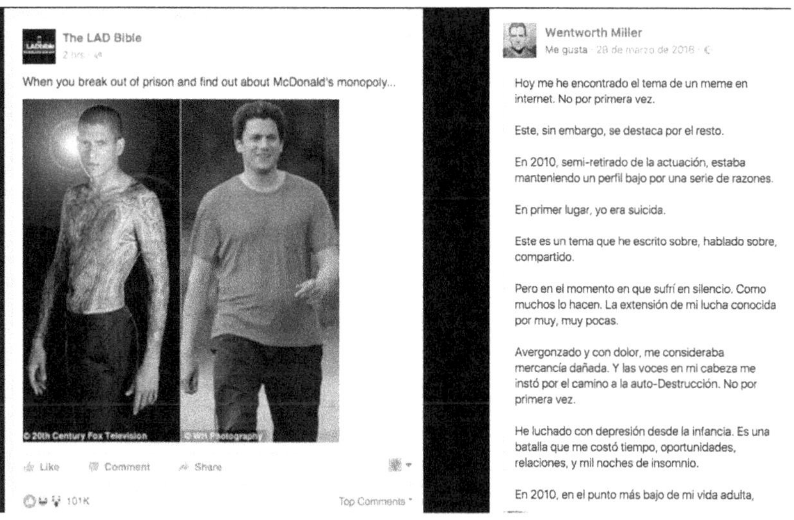

(Imagen del post de Wentworth Miller en su perfil de Facebook https://www.facebook.com/wentworthmilleractorwriter/posts/1713822728830662)

Mientras que confeccionamos este artículo se ha perpetrado un atentado islamista en Barcelona (España), provocando 13 muertos y más de cien heridos. Las imágenes y los vídeos de la masacre no han tardado en aparecer en las redes sociales, así como en las portadas de algunos periódicos sensacionalistas, donde se muestran claramente los cuerpos malheridos y/o muertos de las personas que acababan de ser atropelladas. Algunos medios de comunicación han aprovechado este ataque terrorista para generar más odio y acometer contra musulmanes, independentistas y las protestas contra el turismo.

Las herramientas más utilizadas han sido las redes sociales apoyándose en comentarios e imágenes que han sido el detonante para levantar todo tipo de comentarios exaltados y desatar debates que han llegado a escandalizar a muchos usuarios, iniciando una petición a través de Change.org donde se solicita a Twitter España y a los Cuerpos y Fuerzas de seguridad del Estado que persigan y eleven ante las autoridades judiciales dichos comportamientos, con celeridad y contundencia.

Actúen contra las cuentas que se ríen del atentado de Barcelona

Antoni Marzal Barcelona, España

(Imagen de la petición iniciada en Change.org https://goo.gl/gQah2Z)

Conclusión

La posmodernidad ha desmoronado la fe que antiguamente se depositaba en las ideologías y las certezas, provocando que los individuos se desliguen de unos metarrelatos que ya no les funcionan, apareciendo con la irrupción de Internet, un sujeto anómico, aquejado de una gran crisis de valores y que debe construir su propia identidad para encontrarle sentido a su existencia. Un sentido que ya no se encuentra dentro de un marco de referencia unitario y compartido, aceptado por pertenecer a una determinada sociedad, sino que construimos la identidad a golpe de retazos, de pertenencias débiles y en el seno de lo que se conocen como neo-tribus posmodernas (Maffesoli, 2004).

El poder ha dejado de ser represor para convertirse en seductor; propone una simulación virtual de lo real que acaba colonizando la inteligibilidad de las diferentes esferas de la vida cotidiana. Para ello, utiliza la fuerza persuasiva de la imagen como generadora de micromitologías que favorecen el despliegue de lo imaginario. De manera que, finalmente, hay una indiferenciación entre lo imaginario y lo real, puesto que ambos, en perfecta amalgama simbiótica, conformarían aquello admitido como realidad para las sociedades en las que prima la cultura mediática. (Carretero 2003:95).

Estamos en una Sociedad Digital que caracteriza a sus usuarios por la posibilidad de participar en la creación de la cultura, y "de hecho, los contenidos creados por cualquier ciudadano están volviéndose, de acuerdo con Tay (2012), cada vez más importantes en los discursos culturales de la sociedad" (González & González, 2013:18), aunque para participar hay que saber cómo hacerlo, como indican Osuna y Aparici (2013)

> La participación requiere de una formación que permita adquirir los conocimientos y habilidades necesarias para comunicarse y relacionarse con otras personas con un fin colectivo. Desde la educación formal, no formal e informal se deben tener actuaciones al respecto. En realidad es una educación en valores para la participación que debe estar presente en todos los ámbitos sociales. (p. 143)

En los ejemplos que se analizan en este artículo hemos comprobado la sencillez y familiaridad que los memes suponen para la comunicación en las redes, además de repetir los clichés y la manera irreflexiva de hablar presente en la vida cotidiana. Esta manera de hablar está bañada de discursos dominantes y opresivos (González & González, 2013:164). Todo lo cual facilita una mayor viralización de opiniones y comentarios que fomentan el odio y hacen brotar los más bajos instintos.

Foucault sostiene que "la semejanza implica una aserción única, siempre la misma: esto, eso, también aquello es tal cosa. La similitud multiplica las afirmaciones diferentes, que danzan juntas, apoyándose y cayéndose unas sobre otras" (Foucault, 1993:68-70). Bajo esta lógica, una imagen rodea e impide el acceso a la realidad; por tanto, es razonable pensar que para entender y propagar los nuevos mensajes que transmiten los memes se necesita una alfabetización mediática, así como conocer el significado de la imagen y de las costumbres de Internet para hacer una adecuada interpretación de ellos. Esto por un lado, y por otro, nos cuestionamos de qué formas se puede frenar el discurso del odio en las redes; aunque, en este terreno se plantea una disyuntiva entre la libertad de expresión y la represión del discurso del odio.

En la delimitación de la cuestión jurisdiccional encontramos países, como Alemania, que incluye en su legislación, la denominada *Volksverhetzung*[3], (incitación o instigación a las masas), que abarca algo más que una ley en concreto, incorporándose como un término del derecho penal alemán que prohíbe tajantemente la predisposición al odio contra un sector de la población. En España también existen protocolos y recomendaciones específicas emitidas por el Ministerio del Interior para los delitos de odio cometidos a través de Internet y las redes sociales, encargándose de estas investigaciones las Unidades especializadas de la Policía Judicial (Ministerio de Interior, 2015).

> Los más sumisos se dejan llevar por ellos, en lugar de desarrollar un sistema inmunológico en forma de pensamiento crítico. Los más creativos

---

[3] Volksverhetzung (traducible al español como "incitación o instigación a las masas") es un concepto del derecho penal alemán que prohíbe la incitación al odio contra un sector de la población. A menudo se aplica en, aunque no se limita a, los juicios relativos a la negación del Holocausto en Alemania. Fuente: https://es.wikipedia.org/wiki/Volksverhetzung

intentan aprender a sembrar sus propios memes para sus intereses, su promoción personal o para las industrias para las que trabajan, pero pocas veces se llega a cuestionar el funcionamiento íntegro del sistema. (Rodríguez, 2013:135)

En este artículo hemos visto cómo la restricción o permisión de estas comunicaciones están estrechamente relacionadas con las culturas constitucionales estatales y de ahí las normativas que se aplican. No podemos olvidar que Internet necesita una recomposición del tema jurisdiccional, que como ya comentamos al comienzo, es un tema que excede de los límites de esta comunicación. No obstante, sí que nos planteamos incluir el ámbito normativo como parte de una actuación mayor que contemple la sensibilización de la ciudadanía, promueva la convivencia y el respeto de las libertades para erradicar así la violencia, también en las redes. De hecho, en la ciudad de Málaga (España) se está desarrollando el I Plan Transversal por la Convivencia y contra la Radicalización Violenta (Europa Press, 26 de agosto de 2017). Este Plan participan instituciones educativas, universidades, federaciones, movimientos asociativos, etc. y fija como objetivos desarrollar estrategias transversales de prevención y expandir buenas prácticas de tolerancia y respeto, entre otras. Entre sus nueve ejes se hace especial hincapié a la comunicación estratégica en Internet y las redes sociales, involucrando a diferentes instituciones para que trabajen de forma colaborativa. Entendemos que en todas estas actuaciones es sustancial el papel de las instituciones educativas y de formación, contribuyendo a enfocar esas intervenciones de sensibilización de la juventud que participa en el ciberespacio, aunque una regulación de la comunicación en Internet tiene un alto grado de indefinición, los esquemas normativos pueden variar y los re-medios globales que podamos aportar requieren de soluciones propias de funambulistas.

Listado de referencias

Aparici, R. (Coord.) (2010). La construcción de la realidad en los medios de comunicación. Madrid: UNED.

Aparici, R. & Osuna-Acedo, S. (2013). La Cultura de la Participación. *Revista Mediterránea de Comunicación*, vol. 4, nº 2, 137-148. Doi: 10.14198/MEDCOM2013.4.2.07

Callejo J. & Viedma A., (2006). Proyectos y estrategias de Investigación Social: la perspectiva de la intervención. Madrid: McGraw-Hill.

Carretero, A.E. (2003). Postmodernidad e imaginario. Una aproximación teórica en Foro Interno, Vol. 3, pp. 87-101. Elcomercio.GDA (17 de octubre de 2014). La apariencia física es la principal causa de acoso en Internet. Recuperado de: http://www.elcomercio.com/tendencias/acoso-internet-ciberbullying-escuela-redes-sociales.html [3 de junio de 2017]

Elcomercio.GDA (17 de octubre de 2014). La apariencia física es la principal causa de acoso en Internet. Recuperado de: http://www.elcomercio.com/tendencias/acoso-internet-ciberbullying-escuela-redessociales.html [13 de julio de 2017]

Europa Press (26 de agosto de 2017). Málaga desarrolla un plan pionero para detectar y prevenir la radicalización Recuperado de: http://www.diariosur.es/malaga-capital/malaga-cuenta-plan-20170826134455-nt.html#ns_campaign=gs-ms&ns_mchannel=diariosur&ns_source=fb&ns_linkname=ltl [15 de junio de 2017]

Foucault, M. (1993). *Esto no es una pipa. Ensayo sobre Magritte*. Barcelona: Anagrama.

García, J. Congostrina, A., Güell, O. & Carranco, R. (18 de agosto de 2017). Un atentado terrorista en Barcelona provoca al menos 13 muertos. Recuperado de: https://elpais.com/ccaa/2017/08/17/catalunya/1502982054_017639.html [20 de agosto de 2017]

Gil-Quintana, J. (2016). El encuentro de educación y comunicación ante los nuevos medios. *Revista Communication Papers*, 5 (9). Recuperado de: http://ojs.udg.edu/index.php/CommunicationPapers/article/view/271/pdf [3 de agosto de 2017]

González, A. & González, A. (2013). Memes, Rage-cómics y Memenautas: Comunicación efectiva en Internet. Trabajo Final de Máster Comunicación y Educación en la Red. Madrid: Uned. Recuperado de: http://e-spacio.uned.es/fez/eserv/bibliuned:masterComEdred-Agonzalez/Documento.pdf [3 de agosto de 2017]

Henriksen, B. (1 de agosto de 2017) Facebook-innlegg om tomme busseter går viralt: - Det ser da virkelig skummelt ut, kan være terrorister med våpen. Recuperado de: http://www.nettavisen.no/nyheter/innenriks/facebook-innlegg-om-tomme-busseter-gar-viralt---det-ser-da-virkelig-skummelt-ut-kan-vre-terrorister-med-vapen/3423359933.html [23 de julio de 2017]

Maffesoli, M. (2004). El tiempo de las tribus. El declive del individualismo en las sociedades de masas. México, México: Siglo XXI.

Magritte, R. Les mots et les images. en La Révolution Surréaliste, Nº 11, Selección editada por Eric Clémens. Bruxelles: Labor, 1994.

Maquiavelo, M. (1999). *El Príncipe.* London & New Cork. Penguin Books. Traducción de Bull, George.

Ministerio del Interior de España.
(2015). Protocolo de actuación de las fuerzas y cuerpos de seguridad para los delitos de odio y conductas que vulneran las normas legales sobre discriminación. Recuperado de: http://gestionpolicialdiversidad.org/PDFdocumentos/PROTOCOLO%20ODIO.pdf (2016). Informe 2015 Sobre Incidentes Relacionados Con Los Delitos de Odio En España. Disponible en: http://datos.gob.es/catalogo/informe-2015-sobreincidentes-relacionados-con-delitos-de-odio-espana [3 de julio de 2017]

Pasha-Robinson, L. (1 de agosto de 2017). Norwegian anti-immigrant group mistakes empty bus seats for women wearing burqas. Recuperado de: http://www.independent.co.uk/news/world/europe/anti-immigrant-fedrelandet-viktigst-norway-empty-bus-seats-muslim-women-burqas-a7871941.html [30 de junio de 2017]

Rodríguez, D. (2013). *Memecracia. Los virales que nos gobiernan.* Barcelona: Planeta.

Scolari, C. A. (2009). Transmedia storytelling: Implicit consumers, narrative worlds, and branding in contemporary media production. En: *International Journal of Communication,* 3, 586-606. Recuperado de: https://goo.gl/dV2Utj. [3 de julio de 2017]

Thelocal.no (31 de julio de 2017). Norwegian anti-immigrant Facebook group confuses empty bus seats with 'terrorists'. Recuperado de: https://www.thelocal.no/20170731/norwegian-anti-immigrant-facebook-groups-confuses-empty-bus-seats-with-terrorists [23 de julio de 2017]

Villa Montoya, María Isabel, Herrera, Jhon J., Bautista & Javier S. (2017). Análisis del contenido de las imágenes publicadas en Facebook por la audiencia del programa radial Boyacá Noticias durante el Paro Nacional Agrario en Colombia. En: adComunica. *Revista Científica de Estrategias, Tendencias e Innovación en Comunicación*, n°13. Castellón: Asociación para el Desarrollo de la Comunicación adComunica y Universitat Jaume I, 111-134. DOI: http://dx.doi.org/10.6035/2174-0992.2017.13.7.

CAPÍTULO II

LA DISPARIDAD DE GÉNERO EN MEDIOS DIGITALES

Jesús Pascual Aragoneses
Graduado en Comunicación por IE University

Resumen

Los medios digitales, capaces de alcanzarnos a través de múltiples plataformas, nos envían mensajes constantemente. Casi sin darnos cuenta, nosotros, la audiencia, aceptamos toda esa información recibida. Estos medios, que generalmente parecen imprescindibles en la sociedad actual, se han transformado en una industria poderosa que, seleccionando una agenda y un discurso concretos, se encarga de implantar un modelo específico de normas sociales.

Este modelo afecta directamente a la percepción de la audiencia sobre los diversos grupos sociales que la conforman, a pesar de que el objetivo de los medios debería ser representar la diversidad de la sociedad para desarrollar sus aptitudes democráticas. Uno de los problemas que surge de esta percepción es la desigualdad en las representaciones de los distintos géneros en los medios digitales.

El resultado es la aceptación 'silenciosa' de esta desigualdad por parte de la sociedad. A pesar de los esfuerzos llevados a cabo en los últimos años para luchar contra la disparidad de género, los usuarios son receptores de mensajes que sitúan a la mujer en una posición más vulnerable basados en la menor cobertura que reciben, la inferior relevancia respecto al hombre en el discurso retransmitido por los medios y los estereotipos sexistas con los que son habitualmente asociados.

Palabras clave

Disparidad de género, comunicación, diversidad social, normas sociales, estereotipos.

Introducción

Es una realidad de la que escapar se presenta complicado. Nosotros, los hommo sapiens de la segunda década del siglo XXI, estamos siendo bombardeados de información, sin importar el momento y el lugar. Los medios digitales, capaces de alcanzarnos a través de múltiples plataformas a las que tenemos acceso 24 horas, nos envían mensajes: mensajes que automáticamente aceptamos. Casi sin darnos cuenta, al estar continuamente expuestos a un modelo de asimilar información, acabamos recibiendo esta de manera sesgada y no puramente objetiva. Los medios se han convertido en una industria poderosa que, seleccionando una agenda y unos patrones concretos, se encargan de implantar este modelo de normas sociales.

Cuando hablo de los medios digitales, me refiero a toda plataforma a la que tenemos acceso a través de una pantalla o un sistema de audio: radio y televisión, redes sociales y aplicaciones móviles, e incluso cine, series y videojuegos. Estas tres últimas son industrias aparentemente dispares a los medios, pero en los últimos años están siendo utilizadas por los usuarios a través de plataformas online. La accesibilidad y la conveniencia que proporciona Internet están moviendo a grandes audiencias, especialmente a las más jóvenes, a consumir sus productos audiovisuales preferidos en su ordenador u otras plataformas móviles. Además, todas las formas de medios en conjunto contribuyen a la formación de una imagen programada en lo que se refiere a, entre muchos otros problemas, la diversidad social. Más precisamente, trataré de analizar la desigualdad de género en la industria de los medios digitales.

El motivo de este análisis es debido al llamamiento mundial a lograr la igualdad de género y otros grupos sociales en los medios. Esta acción ha sido promovida, entre otras organizaciones, por la Organización de las Naciones Unidas para la Educación, la Ciencia y la Cultura (UNESCO). En 2014, el editor Alton Grizzle, en nombre de la UNESCO, publicó un Marco de Indicadores de la Igualdad de Género en Medios de Comunicación, en el que se puede leer que "la idea central para el desarrollo de los medios de comunicación es la de reconocer que, si estos existen para explotar su potencial democrático, entonces deberían reflejar la diversidad existente en la sociedad" (p.14). Es decir, para los medios debería ser una obligación incluir en su agenda y programación a los diferentes grupos sociales de una manera justa y equitativa.

Sin embargo, estos indicadores marcados por la UNESCO no han sido aplicados. Elena Criado, socióloga en el Instituto de Investigación de Estudios de Género de la Universidad de Castellón, advierte que si se analiza más detenidamente la manera en la que los medios proyectan a las mujeres "aún prevalecen muchas de las tradiciones machistas que están muy interiorizados por la ciudadanía y que sitúan a la mujer en una situación de desventaja ante el hombre" (2012, p.6). Esta desventaja no sólo se aprecia en el número de personas que ocupan puestos directivos en los medios, como analiza Criado, sino en las veces que aparecen mujeres en los contenidos de medios digitales y el tema de tales contenidos, así como de los roles que representan las mujeres y los estereotipos con los que son habitualmente asociados.

Desarrollo

El papel de los medios

Los medios de comunicación, tanto tradicionales como digitales, adaptados a las nuevas tecnologías y plataformas, forman parte de nuestros hogares y de nuestra vida rutinaria. Mientras que hace pocas décadas era imprescindible tener una radio o un televisor como fuente de información y entretenimiento, a día de hoy es casi inimaginable vivir sin plataformas móviles con acceso a internet. A pesar de los gigantescos cambios que ha vivido durante estos años el universo digital, los medios han acompañado toda nuestra vida. Cada persona guardará algún recuerdo de vivir un suceso relevante pegado a la televisión, escuchando la narración de un evento, sentir cariño o rechazo hacia alguna persona o personaje que salía en un telediario o una película, o incluso compartiendo su opinión por alguna red social. Por ser una herramienta de información y entretenimiento accesible para nosotros, los medios son parte de nuestra sociedad. En el informe de la UNESCO previamente mencionado, Grizzle afirma que "es una realidad ampliamente aceptada que los medios de comunicación son transmisores de cultura y motores de culturas globalizadoras" (2014, p.15). Al ser una referencia para las audiencias, los medios de comunicación afectan a la manera de entender la sociedad y la cultura tanto de los ambientes a los que estamos más acostumbrados como a los que no conocemos. Aunque en países desarrollados haya más variedad de ideologías, la sociedad también se ve afectada, como concluye el informe:

> En países con una alta densidad mediática, no hay un aspecto de la sociedad que no haya sido impactado por los medios en mayor o menor grado. Estos forman igualmente parte de los actores sociales con el poder necesario para estimular el desarrollo social dentro y fuera de los mismos (Grizzle, 2014, p.15).

Tras leer este extracto del informe, nos deberíamos preguntar si los usuarios de los medios están advertidos sobre este hecho. Los ciudadanos son los receptores de los mensajes enviados por los medios y, de manera consciente o inconsciente, reciben un discurso que proyecta todas estas normas sociales a modo de información. Además, todo este proceso comunicativo es en ocasiones aceptado como universalmente válido, sin necesariamente reflexionar sobre la veracidad y certeza tanto de la información como de la fuente. La periodista norteamericana del Huffington Post, Allison Lantagne, analizó en un artículo cómo los medios de comunicación juegan un papel crucial en crear normas sociales, incluyendo otras formas de medios como anuncios publicitarios, televisión y cine, y cómo se aplica a casi todas las partes de la cultura actual (2014).

Todo medio en un régimen democrático debería ser caracterizado por velar por el cumplimiento de presentar en su agenda y discurso a todos los grupos sociales que conforman sus audiencias de manera igualitaria. Entre estos grupos se incluyen las diferentes etnias, religiones, condición física, afectiva y social, y género. Sin embargo, al intentar aplicar estas normas sociales, lo que realmente crean son roles asignados a cada grupo social. Los roles desarrollados por los medios son determinados mediante la cobertura que recibe cada grupo, la relevancia de sus funciones cuando ese grupo está enfocado por los medios y los estereotipos que son asignados a cada grupo social. Lantagne reivindica que "los roles de género – en los que se va a centrar el análisis más concretamente a continuación – existen únicamente porque la sociedad en su conjunto elige aceptarlos, cuando en realidad son perpetuados por los medios de comunicación" (2014).

Esta última afirmación ha sido motivo de controversia en muchos sectores de la sociedad. Ante la negación de esta aceptación que muchas personas han planteado, los sectores defensores del género femenino en los medios tratan de hacerse preguntar interiormente a cada persona si se han parado a pensar los roles que ocupan las personas y los personajes que aparecen tanto en telediarios, como en cine, series, videojuegos y redes sociales; y si esa visión afecta a la igualdad social de ambos géneros. Además, Lantagne advierte que los espectadores deben ser siempre conscientes de lo que los medios les están presentando para asegurarse de que no están participando activamente en una cultura de desigualdad (2014).

Este modelo de agenda y discurso abarca a toda una industria de la que los usuarios no quieren prescindir. De este modo, como se analizará a continuación, son muchos los casos en los que los medios de comunicación colaboran para la construcción de un modelo que plasma subliminalmente el papel dominante del hombre sobre la mujer, basando esta afirmación en los parámetros de cobertura, relevancia y estereotipos. La información, sin importar el medio del que se reciba, se plasma en periódicos, radio, televisión – tanto en sus canales tradicionales como a través de Internet y redes sociales – y particularmente en los medios audiovisuales de ocio, de manera especial el cine y las series de televisión. El análisis de estos últimos es clave ya que son los terrenos que están ganando millones de seguidores entre el público joven.

La imagen de la mujer en los medios

Para evaluar la representación de la mujer en los medios a los que la audiencia está más expuesta, es preciso analizar qué posición y roles ocupan en dichos medios.

a) Puestos de dirección

En el informe desglosado por Criado, en el que utilizaba datos facilitados por la Asociación de la Prensa de Madrid en 2009, se establecía que las mujeres únicamente ocupaban el 24% de los puestos de dirección en los diferentes medios de comunicación españoles (2012, p.7). Esta desigualdad es especialmente sensible en televisión. De los seis canales más vistos en España, tan solo un 21% de los puestos de dirección recaían en mujeres. Esta desigualdad se hace patente en otros medios y producciones audiovisuales. La periodista Silvia Hinojosa desglosó en el periódico La Vanguardia los datos de un estudio realizado por la fundación estadounidense Annenberg, el cual señalaba que "en el 2016 las mujeres directoras fueron el 4,2% del total y que, de las 1.000 películas más taquilleras analizadas entre el 2007 y el 2016, sólo 35 han sido dirigidas por una mujer" (2017).

Otros datos, en esta ocasión facilitados en 2015 por el Global Media Monitoring Project (GMMP), que realiza informes sobre igualdad de género en diferentes medios de comunicación, confirman un cambio positivo en lo que se refiere a la presencia del género femenino en los medios. Estos reflejaban que las mujeres aparecieron con mejores índices en 2015 que en 2010. En prensa, se pasó de un 34% a un 44%, en radio del 32% al 59% y en televisión del 58% al 64%. No obstante, El Periódico comentaba sobre este análisis que en la mayor parte de las noticias analizadas "las mujeres son una minoría, en las que están relacionadas con crimen y violencia, que representan el 51% del total, y en el área de Política son un 31% y en Economía un 20%" (2015). Además, en cuanto al porcentaje de presentadores en radio y televisión, los índices indicaron que un 74% y un 55% respectivamente eran mujeres. La conclusión del informe del GMMP dejaba patentes la marginación de las mujeres en las agendas y la autoridad de los hombres en las noticias.

Además, lleva a la reflexión que la totalidad de las mujeres conductoras de telediarios tenía entre 35 y 50 años. Datos que contrasta con el de los hombres, de los cuales el 97% la franja de edad oscilaba entre los 50 y los 65 años. Esta diferencia contribuye a la atribución de patrones específicos hacia los géneros masculino y femenino por parte de la audiencia.

b) Estereotipos

Y es que las personas tendemos a asociar las características de los diferentes grupos sociales a los que pertenecemos, ya sean étnicos, religiosos, etc. Debido a este proceso de atribución muchas veces inconsciente, el resultado es la deshumanización del resto de grupos sociales de los que no formamos parte. A esta asociación se le conoce como estereotipo, definido como una serie de "creencias compartidas acerca de un conjunto de características que se atribuyen a un grupo humano, una imagen muy simplificada de sus características esenciales, por un gran número de personas" (Elosúa, 1994:22). Si pensamos en grupos sociales afectados por esta valoración simplificada, las mujeres son uno de ellos. A lo largo de la historia, la mujer ha sido relegada a un segundo plano. En el plano de los medios también. No es por eso extraño encontrarse con estereotipos de género en diferentes medios de comunicación.

Lantagne incluye ejemplos de estereotipos en series de televisión populares tanto en España como en el resto del mundo como 'The Big Bang Theory' y 'Cómo conocí a vuestra madre'. Ambas series, dice Lantagne, representan al hombre y a la mujer de maneras diferentes. En la primera, cuya audiencia supera los 20 millones de espectadores, los personajes masculinos – Sheldon y Leonard – aparecen representados con alto nivel intelectual, mientras que el personaje femenino más relevante, Penny, es presentado con baja inteligencia y mayor atractivo físico. En 'Cómo conocí a vuestra madre', su personaje masculino más carismático, Barney, es el típico conquistador de multitud de mujeres. Las series, gracias al rápido crecimiento de plataformas de video en streaming como Netflix, Amazon Video o Youtube; son una de las fuentes de entretenimiento a la que más recurren las generaciones más jóvenes. Por ello, es necesario tener en cuenta la imagen con la que se representan los diferentes géneros.

Tampoco es difícil recordar otros ejemplos cinematográficos como películas de superhéroes como 'Spiderman' o 'Superman', en los que el hombre es el personaje principal, el héroe, y la mujer la dama en apuros. Precisamente, tras realizar un análisis de los estereotipos de género en el cine, Molly Haskel afirmó: "Las mujeres siempre protagonizan personajes débiles, románticos, vicarios con respecto al protagonista masculino, sin autonomía narrativa, y que están dispuestas a abandonar sus propios anhelos por el amor de los hombres". Además, una investigación llevada a cabo por la Academia de Cine de Nueva York, incluyendo las 500 películas más taquilleras en Estados Unidos entre 2007 y 2012, indicaba que tan solo una de cada diez películas presentaba a los hombres y mujeres de manera igualitaria. En resumen, "el cine y la televisión han reforzado y legitimado todo tipo de estereotipos sobre la mujer" (Martínez-Salanova, 2013). Además, quedan patentes las diferencias salariales entre artistas de distinto sexo de Hollywood. En 2014, tras el hackeo de las cuentas de Sony, los sueldos de actores y actrices vieron la luz, dejando constancia de la brecha entre hombres y mujeres, según informó el editor Brent Lang en Variety (2015).

También es esencial mencionar a otra industria que va ganando terreno año tras año: los videojuegos. Según la Asociación Española de Videojuegos

(AEVI), un 40% de la población juega a videojuegos y sus usuarios dedican casi seis horas semanales de media a su práctica. Un estudio elaborado por científicos estadounidenses y franceses publicado en TeleSUR denuncio cómo a representación de la mujer en muchos de estos videojuegos (con un papel secundario, y en ocasiones como trofeo u objeto sexual) "puede reforzar las actitudes sexistas de sus usuarios en la vida real" (2017).

Avances hacia la igualdad de género en los medios

La disparidad de la mujer en los medios digitales es una realidad contra la que se está luchando desde hace años. El primer gran paso para la concienciación y toma de acción contra este problema tuvo lugar en la Cuarta Conferencia Mundial sobre la Mujer celebrada en Pekín, evento también conocido como Reuniones de Beijing, en 1995. Durante las jornadas, 189 Estados miembros de la Organización de Naciones Unidas (ONU) aprobaron una Declaración y Plataforma de Acción en la que, entre un total de doce áreas de preocupación para el desarrollo de la igualdad de género, reconocieron la responsabilidad que recae en los medios de comunicación en la representación de las mujeres.

Como apunta un informe de la Consultoría de Genero Indera, "a partir de este fundamental documento internacional, el ámbito de la comunicación adquiere estratégicamente el mismo nivel de importancia otorgado a la economía, la participación política, la violencia o la salud de las mujeres" (Alexanian, 2009: 2). El documento de la Declaración y Plataforma de Acción de la ONU se denunciaba la ausencia de mujeres en medios y los roles que desempeñan, promoviendo la diversidad y eliminando "todas las formas de discriminación contra la mujer" (p.8). Además, instaba a gobiernos, organizaciones intergubernamentales, instituciones privadas y académicas a elaborar y apoyar soluciones para eliminar esta desigualdad, analizar los avances y promover la diversidad en la educación para la concienciación en materia de representación de hombres y mujeres en los medios (p.22-28).

Sin embargo, la puesta en práctica de estas medidas ha perdido fuerza en dos revisiones de la Declaración y Plataforma de Acción en 2000 y 2005. En la segunda (Beijing +10), Estados Unidos se negó a acatar las medidas propuestas en las reuniones de 1995. La nota positiva es que en las reuniones se destacó, como afirma Alexanian, "la importancia de crear redes de comunicación de mujeres y fomentar las que ya existían" (2009, p.3). Desde entonces se han creado numerosas asociaciones y foros de un periodismo promotor de la igualdad de género.

La Declaración y Plataforma de Acción de la ONU ha fomentado diversos proyectos desde entonces. Uno de ellos es el Marco de Indicadores de la Igualdad de Género en Medios de Comunicación de la UNESCO, mencionado previamente. En este informe, se fijaba en los medios como elemento importante en el desarrollo de cualquier democracia: en el papel de los medios como elementos: "La idea central para el desarrollo de los medios de comunicación es la de reconocer que, si estos existen para explotar su potencial democrático, entonces deberían reflejar la diversidad existente en la sociedad" (Grizzle, 2014: 15-16). Asimismo, Grizzle resaltaba en el informe la importancia de convocar a las diferentes instituciones para evitar "estereotipos sobre la mujer y desigualdad de acceso y participación de la mujer en todos los sistemas de comunicación, especialmente en los medios de difusión" (2014: 9).

Para demostrar su compromiso en la lucha contra la desigualdad de género, la Asamblea General de la ONU creo ONU Mujeres, una organización centrada en la "creación de programas específicos de género y la transversalización de género en acciones de todas las esferas de competencia de la UNESCO" (Grizzle, 2014: 9).

Algo está cambiando

Los esfuerzos para concienciar al público sobre la desigualdad en los diferentes medios que utilizamos como fuentes de información y entretenimiento dejan ver que hay una tendencia a la diversa representación de los distintos géneros. Si bien es cierto que todavía falta mucho por hacer por parte tanto de las instituciones como de la audiencia, la dirección es positiva. En el cine, por ejemplo, el cambio ha sido evidente en los últimos años. Como afirma Martínez-Salanova, "el papel de la mujer en el cine, sobre todo cuando hay mujeres directoras, va tomando otra importancia y el cine, con otra frecuencia, presenta a la sociedad una visión crítica de la mujer dependiente o la de mujeres con clara independencia" (2013).

En 2012 vio la luz una de las películas de animación con mas repercusión en los últimos años en materia de género. *Brave (Indomable)*, una producción de Disney y Pixar y dirigida por una mujer, Brenda Chapman, cuenta las aventuras de la princesa Mérida en Escocia. Ella es el personaje principal y se desenvuelve en escenas de luchas y armas. Hasta entonces en las películas de Disney, salvo en *Mulán*, no era común encontrarse con un personaje femenino como protagonista. En 2013, *Brave* consiguió varios premios de reconocimiento internacional como el Oscar y el Globo de Oro al mejor largometraje de animación.

Sin embargo, ha sido en 2017 donde realmente se ha marcado un punto de inflexión. *Wonder Woman (La Mujer Maravilla)* rompía con los esquemas de las películas de superhéroes. Aunque las películas con mujeres superhéroes no son una novedad (*Catwoman*), la directora Patty Jenkins convirtió *Wonder Woman* en un hito mediático. Tanto es así, que no solo consiguió 1.200 millones de dólares en taquilla, sino que se ha convertido en la película más tuiteada del año, por encima de *La La Land* y *La Bella y La Bestia*. Al final, lo que se comenta en redes sociales es la información que, independientemente de su dudosa veracidad, llega al mayor número de personas. Además, la participación pública y gratuita de millones de usuarios en redes sociales fomenta el discurso sobre, entre otros temas, desigualdades sociales. Todo esto lleva a que los portales de noticias y productores de contenido audiovisual a sus cuentas oficiales en redes sociales a "prestar más atención a la manera en la que representan a los distintos géneros y moderan el discurso" sobre los distintos problemas o desigualdades sociales" (Popa, 2014: 8).

Conclusión

La importancia de Wonder Woman es solo un ejemplo de cómo, si esta tendencia prosigue, no solo se valorara más a la mujer en los diferentes medios, sino que las futuras generaciones crecerán con un sentimiento de mayor igualdad de género que el de generaciones previas. De este modo, los esfuerzos por concienciar a la población de este problema no serían tan necesarios como en la actualidad. Es por ello que la responsabilidad de concienciar sobre la desigualdad de género no solo recae en los medios, sino también en nosotros, la audiencia.

En conclusión, a pesar de que las medidas propuestas por la ONU para luchar contra esta desigualdad en los medios no han sido atendidas o puestas en práctica por los gobiernos y los propios medios y plataformas de comunicación, es esencial valorar el impacto que ha tenido esta denuncia por parte de la organización intergubernamental. A raíz de las reuniones en Pekín en 1995, la concienciación sobre este problema se ha expandido paulatinamente logrando avances año tras año. Sin embargo, el camino por delante hasta conseguir la igualdad en este ámbito aún se presenta largo. Cuanto mayor sea este esfuerzo por concienciar a la audiencia y por incluir a la mujer en los diferentes roles y agenda, este objetivo conseguirá será una realidad en un futuro.

Es por eso que la responsabilidad de este cambio recae en varios actores. Por supuesto, un compromiso mayor con las medidas de la Declaración y Plataforma de Acción por parte de los gobiernos supondría un impulso para la causa. Además, en la actualidad, y teniendo en cuenta la migración cada vez más marcada de la audiencia a las plataformas de Internet y móviles, la responsabilidad de velar por la diversidad en sus múltiples formas recae en los medios de comunicación, no sólo en los medios tradicionales, sino en todos los medios transmisores de información y entretenimiento. Por último, la concienciación de la audiencia también es responsabilidad de la propia audiencia. Por eso, cuanto más logremos entender y transmitir la situación de disparidad en los medios digitales, esta desigualdad perderá fuerza paulatinamente.

Listado de referencias

Agencia EFE (2010). Los medios presentan a la mujer como objeto sexual. El Mundo. Recuperado de: http://www.elmundo.es/elmundo/2010/02/14/comunicacion/1266161519.html

Alexanian, A. (2009) Género y medios de comunicación. INDERA, Consultoría de Genero. Recuperado de: http://www.gutierrez-rubi.es/wp-content/uploads/2009/06/femdissabte_amanda-alexanian_version-final.pdf

Cárdenes, A. (2016). El papel de la mujer en el cine. Cadena Ser. Recuperado de: http://cadenaser.com/emisora/2016/01/29/radio_club_tenerife/1454076826_799548.html

Civeira, M. (2017). Damiselas en peligro y caballeros en apuro: el papel de las mujeres en el cine. Nueva Mujer. Recuperado de: http://www.nuevamujer.com/mujeres/actualidad/todos/damiselas-en-peligro-y-caballeros-en-apuro-el-papel-de-las-mujeres-en/2017-01-27/165648.html

Criado Calero, E. (2012) Mujeres sin poder en los medios de comunicación. Universidad Jaime I de Castellón. Castellón, España. Recuperado de: http://repositori.uji.es/xmlui/bitstream/handle/10234/117582/TFM_2012_criadoE.pdf?sequence=1

Elosúa, M. R. (1994). Estereotipos Culturales Y Su Incidencia Educativa. Recuperado de: http://www.buenastareas.com/ensayos/Elosua-Ma-Rosa-1994-Estereotipos-Culturales/7776409.html

Grizzle, A., 2014. Indicadores de Género para Medios de Comunicación. Organización de las Naciones Unidas para la Educación, la Ciencia y la Cultura. París, Francia. Recuperado de: http://unesdoc.unesco.org/images/0023/002310/231069s.pdf

Lang, B. (2015). Study Finds Fewer Lead Roles for Women in Hollywood. Variety. Recuperado de: http://variety.com/2015/film/news/women-lead-roles-in-movies-study-hunger-games-gone-girl-1201429016/

Lantagne, A. (2014). Gender Roles in Media. The Huffington Post. Recuperado de: http://www.huffingtonpost.com/allison-lantagne/gender-roles-media_b_5326199.html

Luzardo, A. (2017). El Rol de Las Mujeres en la Industria de los Videojuegos. Mujeres de Empresa. Recuperado de: http://www.mujeresdeempresa.com/las-mujeres-en-la-industria-de-los-videojuegos/

Martínez-Salanova E. (2013). La mujer en el cine. Portal de la Educomunicación. Recuperado de: https://www.uhu.es/cine.educacion/cineyeducacion/mujer_en_cine.htm

Pereda, O. (2017). Otra mujer es posible en el cine. El Periódico. Recuperado de: http://www.elperiodico.com/es/ocio-y-cultura/20170610/otra-mujer-es-posible-en-cine-6090157

Popa, D; Gavriliu, D. (2014). Gender representations and digital media. Procedia, Social and Behavioral Sciences. Recuperado de: https://www.sciencedirect.com/science/article/pii/S1877042815015906

Sin autor (2014). Los medios de comunicación colaboran en la desigualdad entre mujeres y hombres. Ehusfera. Recuperado de: http://www.ehu.eus/ehusfera/uik-cverano/2014/06/18/20140618-los-medios-de-comunicacion-colaboran-en-la-desigualdad-entre-mujeres-y-hombres/

Sin autor / Servicio de Acción Social (2015). Medios de comunicación y desigualdad de género. Concejalía de Educación, Infancia e Igualdad del Ayuntamiento de Valladolid. Recuperado de: http://igualdadvalladolid.weebly.com/blog/medios-de-comunicacion-y-desigualdad-de-genero

Sin autor (2015). Un 40% de la población española juega habitualmente a videojuegos. RTVE.es. Recuperado de: http://www.rtve.es/noticias/20150929/14-millones-espanoles-juegan-habitualmente-videojuegos-40-poblacion/1228941.shtml

Sin autor (2017). ¿Los videojuegos promueven el sexismo en los jóvenes?. Telesur. Recuperado de: http://www.telesurtv.net/news/Los-videojuegos-promueven-el-sexismo-en-los-jovenes-20170707-0082.html

Sin autor (2015). La presencia de mujeres en los medios de comunicación es la misma que hace cinco años. El Periódico. Recuperado de: http://www.elperiodico.com/es/sociedad/20151125/la-presencia-de-mujeres-en-los-medios-de-comunicacion-es-la-misma-que-hace-cinco-anos-4701963

EXPERIENCIA EN LAS AULAS DE UNA PRÁCTICA GAMIFICADA BASADA EN TÉCNICAS DE VIDEOJUEGOS

Natalia Díaz Delgado

Doctorando en la Universidad de Educación, uned. España.

Resumen

En este artículo queremos mostrar algunos de los resultados obtenidos poniendo en práctica una actividad lúdica basada en los juegos de rol, los videojuegos en red y las tecnologías lúdicas. Una experiencia práctica con elementos propios de la Sociedad Digital realizada en un entorno académico formal. Hemos construido un juego que creemos que es una experiencia provechosa desde el punto de vista del proceso de enseñanza aprendizaje. Los alumnos han leído y releído un clásico, *Alicia en el país de las maravillas* y han recreado esta lectura a través de personajes identificados con roles diferentes, han elaborado capítulos de la novela utilizando técnicas de los videojuegos de rol, mapa o tablero del mundo, tirada de dados, conversaciones en el foro relacionadas con la novela y trabajo colaborativo en red, entre las más destacadas. En cuanto a los resultados, la práctica encaminada a favorecer la comprensión y expresión escrita, también en muchos momentos oral, ha dado grandes frutos, de la misma manera que el trabajo colaborativo. Los alumnos han mejorado sus redacciones y han estado motivados, han colaborado entre ellos y han ayudado a sus compañeros. También ha sido un punto fuerte la crítica, han destacado la retroalimentación constante del máster y han sido críticos con la falta de tiempo y la autonomía, en muchos casos poco trabajada. En definitiva, un proyecto que ha satisfecho las expectativas iniciales y ha favorecido el aprendizaje, objetivo principal.

Palabras clave

cultura digital, prácticas comunicativas, juegos de rol, videojuegos, *gamificación*, enseñanza-aprendizaje.

Introducción

La industria cultural como cine o prensa decae progresivamente en los últimos años, sin embargo la industria de los videojuegos está en un constante crecimiento (artículo p145) 'De la idea a la pantalla'. Los videojuegos son un 'bien' que atrae a los consumidores, cada vez más población juega a videojuegos. En ellos, cada vez más, se da la diversificación de los jugadores, encontramos que juegan niños cada vez más pequeños, adultos que han jugado desde siempre y adultos que empiezan a jugar. Además se produce una accesibilidad cada vez mayor creando juegos para videoconsola, PC, TV inteligente, consolas portátiles y smartphones, accediendo así casi en cualquier lugar al juego. Otra de las características de los videojuegos hoy, es que favorecen la irresolubilidad, los juegos se van actualizando a medida que el jugador avanza provocando en ellos una fidelización. (artículo p94) 'De la idea a la pantalla'.

Desde el punto de vista de la Neurociencia el aprendizaje es más efectivo desde el juego, cuando jugamos estamos motivados, se produce un impacto positivo en la transmisión y almacenamiento de la información, se favorece el estímulo de la memoria y se producen acciones encaminadas a conseguir una meta, se da la atención focalizada y el estado de alerta propio de aprender, además los errores no condicionan el desarrollo de las actividades aportando beneficios indiscutibles para el aprendizaje. (p.206) 'De la idea a la pantalla'. Los videojuegos son un vehículo para lograr aprendizajes significativos y contextualizados que hacen hincapié en la práctica, se potencia la colaboración, la adquisición de competencias digitales, el autoaprendizaje y autoevaluación (Gee, 2003). Además el aprendizaje se centra en el alumno (Gros, 2010).

Por todo ello, la escuela debe contar con los videojuegos y no alejarse de ellos o sentirlos como algo extraño ya que el crecimiento de su industria aporta herramientas habituales para ellos que se alejan cada vez más de las prácticas tradicionales y además sienten como ajenas. (Dusell, 2010). Sabemos que hay diferentes obstáculos en la puesta en práctica de las TICs en el aula (acceso, cobertura...), aunque los docentes sabemos que es necesario contar con ellas para entender el contexto en el se mueven nuestros alumnos. Debemos tener en cuenta que no se trata de cambiar el papel por la pantalla y seguir siendo lineales, es necesario tener en cuenta otros factores de aprendizaje más profundos. Incluir elementos hipertextuales, sistemas de trabajo colaborativo, tener en cuenta la inmersión de los videojuegos como una estrategia que favorece el buen clima de trabajo, entre otros. (Esnaola, 2006).

En relación a los usuarios, estos mantienen un rol activo, utilizan herramientas tecnológicas y la colaboración es un instrumento esencial de aprendizaje, exploran nuevas situaciones, resuelven problemas y aprenden de sus errores. (artículo p.80) 'De la idea a la pantalla'. En este experimento se contó con 60 alumnos de edades entre 15 a 17 años, estudiantes de 3° de educación secundaria en un centro tecnológico, es decir, contaron con un PC para cada uno de ellos durante 1hora 3 días a la semana, esto favoreció el inicio y proceso de juego en red desarrollando estrategias propias de lo lúdico. Trabajaron en equipos de 4 ó 5 personas fomentando la colaboración entre ellos y su autoevaluación constante.

El objetivo principal de esta investigación es demostrar que la gamificación es una buena alternativa para mejorar la motivación y el aprendizaje profundo en la aulas de educación formal. Para ello creamos un juego basado en los juegos de rol y juegos en red en el que los roles se distribuyen aleatoriamente, roles representados por un avatar de manera única, subiendo de nivel a medida que se va progresando; se da un seguimiento por parte del webmaster, en este caso el docente, se ofrece feedback continuo y premios o recompensas relacionadas con su currículo. Cada sujeto interactúa a un ritmo individual y de manera flexible aunque debe atender a las necesidades del grupo. (artículo p. 150) 'De la idea a la pantalla'.

En relación a la narrativa, principal herramienta de este tipo de juegos, se dan los elementos tradicionales de los relatos, los personajes, el espacio, el tiempo y sus diferentes relaciones. Pero, además, los usuarios y su experiencia son claves para contar; sus narrativas expresadas en una determinada plataforma, en este caso gratuita, utilizan diferentes medios que les sirven de ayuda en la creación de los textos y se dan diferentes caminos para llegar a la meta o propósito. (*Narrativas Transmedia*, Scolari, 2013. p.80).

Son narrativas que parten de una misma base, el libro de *Alicia en el país de las maravillas,* pero que tienen una significación diferente para cada uno de ellos. En esta experiencia los alumnos hacen una expansión de la obra de Carroll expresando sus propias inquietudes en el mundo de Alicia y generando nuevos relatos de la novela. Algo parecido al fenómeno fan de las grandes sagas literarias como *Harry Potter* o *El Señor de los Anillos,* 'donde los prosumidores se apropian de sus personajes favoritos y los insertan en nuevos programas narrativos.' (*Narrativas Transmedia*, Scolari, 2013. p.122).

Un relato originado en la literatura que se recrea de manera autónoma por cada grupo de usuarios. Usuarios que se encuentran dentro de un 'mundo' en el que los receptores se convierten en productores de nuevos contenidos, un mundo donde resulta muy fácil manipular textos y después distribuirlos a través de plataformas. Usuarios con una actitud que favorece de manera natural la creación de contenidos y su distribución. Por todo ello, la escuela debe tener en cuenta, tanto las transformaciones digitales como la actitud creadora de los usuarios. (*Narrativas Transmedia*, Scolari, 2013. p.223).

Las narrativas sabemos cuándo y dónde empiezan pero no dónde y cuándo acaban. (Jenkins, 2003), (Scolari, 2010).

Otro de los pilares de esta experiencia son las competencias[4], se trata de profundizar principalmente en la competencia lingüística, se promueve la comprensión y expresión escrita animando a realizar nuevas lecturas y crear narrativas propias que surjan de manera colaborativa, un proceso que crea relatos actualizados constantemente. Se trata de tener una expresión adecuada al contexto en el que nos movemos, en este caso el mundo de las maravillas, de saber distinguir los diferentes registros según el rol de personaje en ese contexto, de comprender, escuchar y responder a los diferentes mensajes teniendo en cuenta los intereses del personaje y del grupo y de utilizar el diálogo como herramienta principal para la interacción, construcción y crítica.

De manera contextual se tienen en cuenta la competencia digital, social, el aprender a aprender y la competencia cultural. Todas ellas en un juego específico para la materia de Lengua castellana y Literatura. En la competencia digital destacamos cuáles son las principales herramientas digitales para el acceso a la información, la utilización de los recursos tecnológicos de la mejor manera para favorecer el trabajo colaborativo y tener una actitud positiva, curiosa y crítica ante los diferentes recursos al alcance del usuario. En relación a la competencia social, se trata de usar códigos de conducta adecuados, de saber comunicar de manera aceptable y de ser solidario y respetuoso con el resto de usuarios. La competencia de aprender a aprender hace hincapié en la disciplina y las estrategias adecuadas para conseguir nuestras metas, da especial relevancia a la planificación, la supervisión, evaluación pero también a la motivación, curiosidad, confianza y autonomía. La competencia cultural profundiza en el conocimiento de las manifestaciones artísticas que serán la base de la creatividad e imaginación de los usuarios, teniendo como consecuencia el respeto y valor por el arte.

Objetivos

1. Comprender discursos orales y escritos en diversos contextos de la actividad social y cultural.
2. Utilizar la lengua para expresarse de forma coherente y adecuada en los contextos de la actividad social y cultural más próximos al alumno, para tomar conciencia de los propios sentimientos e ideas y para controlar la propia conducta.

---

[4] Competencias currículo Secundaria. Ministerio de Educación, Cultura y Deporte. Gobierno de España. https://www.mecd.gob.es/educacion-mecd/areas-educacion/estudiantes/educacion-secundaria/informacion-general/competencias-basicas.html

3. Utilizar la lengua escrita en la actividad social y cultural de forma adecuada a las distintas situaciones y funciones, adoptando una actitud respetuosa y de cooperación.
4. Hacer de la lectura fuente de placer, de enriquecimiento personal y de conocimiento del mundo, y fundamentar hábitos lectores.
5. Aplicar con cierta autonomía los conocimientos sobre la lengua y las normas del uso lingüístico para comprender textos orales y escritos sencillos, y para escribir y hablar con adecuación, coherencia, cohesión y corrección adecuadas a la edad y nivel.

Metodología

La metodología de la práctica busca la participación de todos sus agentes para, a partir de su intervención, además de adquirir un aprendizaje profundo también puedan reflexionar sobre sus acciones. Una metodología que promueve la intervención, la acción y la consiguiente reflexión. En la intervención-acción, el propio investigador, actor activo, se revela como el motor de cambio. 'Este tipo de investigación pretende, a través de los sujetos observados y el propio observador, llegar a la comprensión del fenómeno estudiado y promover la transformación si fuera preciso.' (Callejo y Viedma, 2005: 167)

Es una forma de entender la enseñanza como un proceso de búsqueda continúa. Se produce dentro de la realidad del objeto de estudio, los actores, objetivos y metas a priori cambian durante el proceso. (artículo p.83) 'De la idea a la pantalla'. En este trabajo se promueven una serie de objetivos que los actores cambian creando los suyos propios y, así transformando el proyecto en otro. Los sujetos crean sus propias narrativas y aprenden de otros sujetos, todos ellos se organizan y colaboran para sacar adelante los nuevos relatos. Se trata, por tanto de reorientar el diseño y desarrollo en función de los objetivos dinámicos que van surgiendo. (artículo p.120) 'De la idea a la pantalla'.

En relación a las prácticas gamificadas creemos que estas favorecen la motivación, autonomía y relaciones, tanto profesor-alumnos, como entre alumnos. Se favorece el compromiso, la flexibilidad con ritmos diferentes, la competición positiva que hace aprender de los errores y la colaboración. (Area y Gónzalez,2015; Gee,2003; Mérida, Angulo, Jurado&Díaz, 2011).

En el contexto específico de los videojuegos en red, la participación es fundamental para una inmersión total, además una característica clave de lograr un conocimiento profundo es el hecho de que formes parte del propio conocimiento, y, este aprendizaje sólo se puede dar dentro de una comunidad en la que sus miembros participan, activa y colaborativamente. Por tanto, esta metodología posibilita la inmersión, con todas las ventajas que eso conlleva, posibilita la reflexión a partir de nuestra propia inmersión, del todo subjetiva pero también, del todo activa. Sin duda, la acción en las comunidades de *videojugadores* revelará que estas prácticas son aprovechables en el ámbito educativo, investigando activamente mi comportamiento como jugador, a través de la comprensión, de la identificación, de la interacción, colaboración y creación con otros.

Decidimos, por ello, llevar a cabo una investigación de corte cualitativo, que lejos de pretender generalizar o universalizar ciertas conductas o fenómenos hallados durante el transcurso de la misma, sirviera para entender mejor el ámbito de la participación en los videojuegos, el componente social, sus características específicas y sus principios de aprendizaje, y, poder ofrecer reflexiones encaminadas a su utilización en la escuela. El propósito último de esta práctica es acercarnos a una mejor comprensión del proceso de juego y activar algunas de sus posibilidades en el proceso de aprendizaje. Así pues, los elementos que hemos relacionado en este estudio pasan por observar y jugar, para después, actuar y reflexionar.

Se trata de una estructura secuencial en la que la primera fase ofrece la propuesta y su diseño, una segunda fase que comprende el proceso y actividad de los participantes, la tercera fase aborda el análisis de datos teniendo como referencia rúbricas específicas y por último, una cuarta fase donde la opinión de los interesados y el análisis de sus respuestas es el objetivo. Se trata de favorecer una actividad donde la colaboración, la construcción y la creatividad atravesada por un contexto de comunidad sean los pilares fundamentales. En resumen, hacer que los usuarios sean autónomos favoreciendo un aprendizaje recíproco y colaborativo, un aprendizaje por descubrimiento y emergente.

El diseño parte de la idea de construir un juego de rol usando un foro ubicado en alguna de las páginas ofrecidas en Internet para tal fin. un foro que se presentara como un juego de rol, un foro en el que los alumnos y profesores, participantes, asumieran el rol de un personaje y se movieran por el mundo de *Alicia en el país de las maravillas*. Iniciamos la investigación abriendo un foro en la plataforma <u>foroactivo.com</u>, estudiamos su estructura y sus posibilidades, esta plataforma nos daba la posibilidad de controlar a los usuarios de una manera activa y eficaz y, al mismo tiempo, se mostraba rápida y sencilla en su uso.

El grueso de las actividades de este <u>foro</u> se encuentra en *'Déjate caer por la madriguera' donde podemos ver otros juegos relacionados con la novela. En este artículo* dedicaremos especial atención a <u>'Aventuras'</u>, un 'juego de rol' en el que los estudiantes viajarán por el país de las maravillas, soporte de este experimento. En esta práctica se diseñaron una serie de capítulos que planteaban el libro de Lewis Carroll desde la perspectiva de juego. Un recorrido con paradas en espacios del libro que representan estancias del país de las maravillas en las que un grupo de participantes con roles diferentes debe construir una historia mediante diálogos que les permita salir de las estancias y avanzar, para ello tendrán en cuenta el libro, aunque podrán innovar e integrar partes nuevas que les faciliten el avance.

Teniendo en cuenta el mapa del país de las maravillas, nuestros alumnos viajan en grupos a través de él. Cada una de las paradas es un capítulo del libro de Carroll, todos ellos tienen una pequeña introducción que da pistas para que los participantes inicien su recorrido, 'Vestíbulo de puertas, rosaleda, tribunal...', el máster, profesor, tirará los dados si los jugadores han satisfecho las propuestas de aventura y avanzarán por el país de las maravillas. Cada jugador tiene un rol diferente, protagonistas, ayudantes, enemigos, con poderes y moderador. Siguiendo las indicaciones del máster, el Conejo Blanco, que tiraría los dados avanzarían por el mapa del país de las maravillas y vivirían las aventuras que vivió Alicia en el libro de Carroll, todo ello requeriría de expresión escrita, cada uno de los personajes crearía su propia historia escribiendo, respetando algunas indicaciones del libro y completando sus capítulos con ingenio e imaginación, el máster valoraría los escritos y daría por bueno lo escrito para, a continuación tirar los dados.

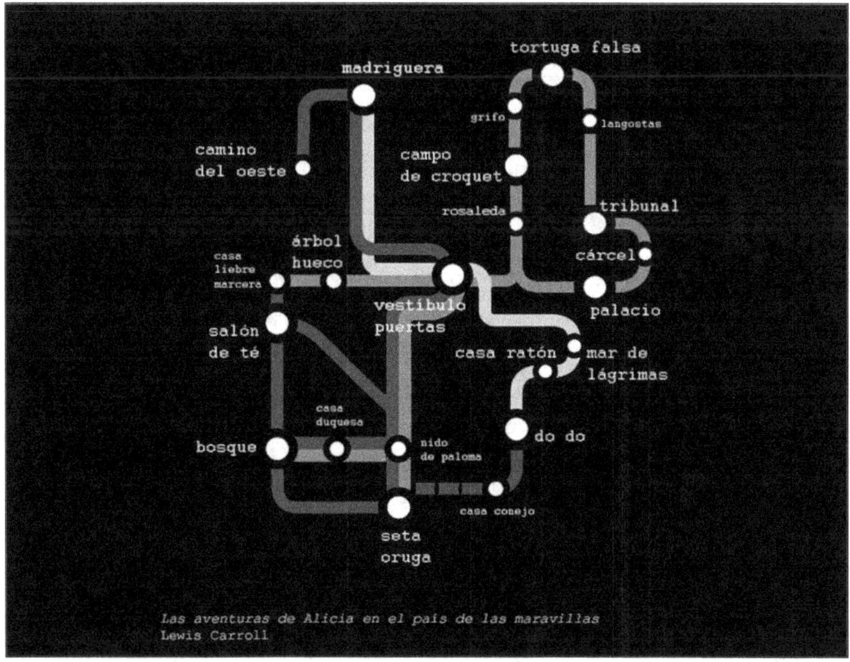

Mapa, Alicia en el país de las maravillas. Elaboración propia. 2016

En relación al proceso que ocupó la práctica, se trataba de escribir, teniendo en cuenta un rol determinado, las situaciones que aparecen en el libro de Alicia. Se redactó un guión en el que cualquiera pudiera ser Alicia y estar en el país de las maravillas, vivir las aventuras relatadas en el libro y encontrar soluciones a los problemas planteados por sus personajes. El máster, profesor, tendría que llevar la batuta de los diferentes acontecimientos.

Se hicieron grupos de 5 personas y se les entregó una hoja de personaje, cada uno de ellos tenía unas aptitudes y unas actitudes diferentes, hicieron su hoja de personaje y su avatar teniendo en cuenta estas características y se registraron en el foro. En esta hoja de personaje había protagonistas, una posible 'Alicia', ayudantes, compañeros de ayuda para 'Alicia', obstaculizadores, personajes 'enemigos' de 'Alicia', inteligentes con poderes, personajes 'salvadores' de 'Alicia' y reflexivos que resumen las acciones y relatan los acontecimientos, moderando los grupos. El máster había creado su hoja de personaje teniendo en cuenta a los personajes de la novela, en el caso de 'Aventuras' el máster que dirige es Conejo Blanco, portando características propias que aparecen en el libro.

Al mismo tiempo se confeccionó una guía en la que, sobre la marcha' se iba construyendo el juego, en esta guía se escribe una versión de un posible juego, una primera versión que se va mejorando con anotaciones, sugerencias, aportaciones, respuestas..., dando como resultado una segunda versión, que a medida que avanza el juego se va reconstruyendo. En esta guía se escribieron posibles narraciones de los capítulos teniendo en cuenta cada uno de los roles, estas fueron variadas por cada uno de los grupos aunque manteniendo como regla principal la esencia de la novela.

Cuando todos los jugadores estuvieron registrados, tenían su hoja de personaje y su avatar, hablamos de las reglas del juego y del libro, teniendo en cuenta el mapa del país de las maravillas, el máster tiraría los dados y cada grupo caería en un punto de este. Todas las aventuras estarían relacionadas con el libro de Carroll, por tanto, antes de iniciar el juego, deberían leer una serie de capítulos para estar familiarizados con las acciones y propuestas.

En un primer momento, los 'chicos' no sabían muy bien por dónde empezar, les presenté el primer capítulo, Alicia acaba de caer por la madriguera y se encuentra en el vestíbulo de puertas, debe encontrar la llave adecuada para entrar en el país de las maravillas si no se quedará atrapada en esta estancia y perderá turnos y posiciones. Los jugadores deberán abrir la puerta que les lleve al otro lado y pasar. Teniendo en cuenta los 'poderes' , 'actitudes y aptitudes' de cada uno de los roles deberán buscar una solución para pasar y hacer pasar a Alicia al otro lado, teniendo en cuenta las indicaciones del libro.

La imaginación y creatividad de los jugadores con respecto a solucionar este problema será valorado positivamente. 'Todos saldréis del Vestíbulo de

<u>puertas</u>' les dije, les introduje el escenario y señalé que ellos estaban allí y deberían salir de aquella estancia. Después de un par de semanas, iniciaron sus escritos basándose en el capítulo en el que Alicia consigue salir al jardín fabuloso, escriben sus propias aventuras y parece que están motivados. Cada uno de los capítulos fueron contados en la guía como posibles historias del país de las maravillas, un posible juego en el que se dan narraciones esenciales que nos servirán de guía para evaluar las historias de los alumnos, los jugadores contarán las suyas propias teniendo en cuenta el libro.

En el transcurrir del juego se da indecisión y diferentes posibilidades a la hora de tener claro qué deben hacer, el debate es rico y provechoso. Aunque la idea originaria estaba más o menos clara, las aportaciones sobre la marcha suponen una adaptación a nuestro contexto, aulas con un determinado tiempo de clase y dentro de un currículum determinado, en este caso, Lengua castellana y Literatura. Esto condiciona que las intervenciones sean cortas o rápidas para que en el aula todos colaboren, aunque pueden hacerlo desde casa, el juego estaba diseñado para jugar en clase, todos juntos, hablando dentro del foro pero también de manera oral, entre todos solucionar dudas u obstáculos que fueran surgiendo y afianzar la idea de pequeños grupos pero también de gran grupo.

En cuanto a nuestra asignatura, la evaluación de aprendizajes basados en la comprensión y expresión tanto oral como escrita era la idea principal y por lo que habíamos diseñado esta actividad, aunque otros muchos aprendizajes serían puestos en marcha, teníamos claro que se trataba de que leyeran un libro motivados y conscientes de que una obra de ficción puede ser un juego y divertir. Aunque no todos caerían en todas las paradas debían leer el libro completo y concienzudamente porque solo el azar de la tirada de dados determinaría en que paradas caerían.

Al concluir el diseño y proceso de juego, nos dimos cuenta de que nuestro experimento era diferente a la primera versión, cambió con respecto a lo que se había propuesto en la guía. Las narraciones de los jugadores versan sobre por qué camino salir de este disparatado escenario, o también sobre cuál sería la merienda más apropiada. Narraciones que se escapan de lo que proponíamos en la guía. La improvisación es un valor añadido que hace al juego más potente, favoreciendo la imaginación, los alumnos inventan y el profesor se adapta potenciando su expresión.

La evaluación de la actividad se hizo mediante rúbricas, instrumentos basados en una escala cualitativa que miden las acciones del alumnado sobre los aspectos de la actividad. Son instrumentos muy útiles tanto para profesores como para alumnos. Los primeros usan estas plantillas de una manera sistemática y la evaluación es más objetiva. Los alumnos conocen desde el inicio de la actividad las características a las que tendrán que llegar con su trabajo con el consiguiente beneficio en su desarrollo. En definitiva, las rúbricas se muestran como un instrumento imprescindible para contextualizar e implicar a los alumnos en el entorno de aprendizaje formal.

La evaluación en esta práctica establece dos tipos de rúbricas, una global que evalúa el trabajo colaborativo desde un punto de vista general que implica a todos los integrantes del grupo ya que unas acciones colaboran con otras, y ofrece un resultado global, aunque debemos decir que la evaluación fue individual, cada uno de los estudiantes según su trabajo dentro del grupo fue evaluado, para ello, se tuvieron en cuenta sus intervenciones en el foro y su acción tanto virtual como real. Por otra parte, tenemos una rúbrica más pormenorizada que evalúa el trabajo específico de comprensión y expresión, tanto oral como escrita.

Criterios	Escasa consolidación	Aprendizaje medio	Buen aprendizaje	Excelencia en el aprendizaje	Calificación
Trabajo con los compañeros	Raramente escucha, comparte y apoya el esfuerzo de otros. Frecuentemente no es un buen miembro del grupo. *0*	A veces escucha, comparte y apoya el esfuerzo de otros. No causa 'problemas' en el grupo. *0,5*	Usualmente escucha, comparte y apoya el esfuerzo de otros. No causa 'problemas' en el grupo. *1*	Casi siempre escucha, comparte y apoya el esfuerzo de otros. Trata de mantener la unión de los miembros. *2*	
Actitud	Tiene una actitud negativa hacia el trabajo. *0*	Algunas veces tiene una actitud positiva hacia el trabajo. *1,5*	Casi siempre tiene una actitud positiva hacia el trabajo. *2*	Siempre tiene una actitud positiva hacia el trabajo. *2*	
Resolución de problemas	No trata de resolver los problemas o ayudar a otros a resolverlos. Deja a otros hacer el trabajo. *0,5*	No sugiere soluciones, pero está dispuesto a tratar soluciones propuestas por otros. *1*	Refina soluciones sugeridas por otros. *1,5*	Busca y sugiere soluciones a los problemas. *2*	
Clima de trabajo	No ha habido intercambio de información y puesta en común en el grupo. *0*	La puesta en común ha resultado significativamente insuficiente. *1*	La puesta en común ha sido algo insuficiente. El clima de trabajo en el grupo ha sido, por su parte, adecuado. *1,5*	El clima de trabajo dentro de los grupos y en las actividades comunes ha sido adecuado. Ha existido bastante intercambio de información en el grupo. *1*	
Elaboración de contenidos	Nulo o escaso trabajo de elaboración de contenidos. *0,5*	Insuficiente grado de elaboración de contenidos. *1*	Las tareas realizadas se han ajustado a lo solicitado. Escaso grado de originalidad. *1,5*	Las tareas realizadas han sido interesantes y originales. *2*	
Uso de Internet	Necesita ayuda o supervisión para usar los enlaces sugeridos y/o navegar a través de los sitios. *0,5*	Puede usar ocasionalmente los enlaces sugeridos para encontrar información, y navega a través de los sitios fácilmente y sin ayuda. *1*	Puede usar los enlaces sugeridos para encontrar información, y navega a través de los sitios fácilmente y sin ayuda. *1*	Usa con éxito los enlaces sugeridos para encontrar información y navega a través de los sitios fácilmente y sin ayuda. *1*	

Tabla rúbrica trabajo en grupo. Elaboración propia. 2016

Criterios	Escasa consolidación	Aprendizaje medio	Buen aprendizaje	Excelencia en el aprendizaje	Calificación
Identifica	Tiene dificultades para reconocer el contenido del texto. *0,5*	Reconoce todos los personajes principales y hechos del texto. *0,5*	Reconoce el contenido del texto, a través de los personajes principales y escenarios. *1*	Reconoce el contenido del texto, a través de los personajes principales y secundarios, escenario y hechos. *2*	
Interpreta	Atribuye con dificultad la totalidad del significado del texto propuesto. *1*	Atribuye significación de lo que representan los personajes en el texto. *1,5*	Atribuye significación a hechos y espacios y en función de contextos externos que presenta el texto. *1,5*	Atribuye significación a hechos, espacios y personajes principales y secundarios en función de contextos externos. *2*	
Resume	Muestra dificultad para sintetizar el texto y expresarlo con sus propias palabras. *0,5*	Expresa fragmentos del texto copiándolos literalmente. *1*	Expresa las ideas principales del texto y lo transmite a través con sus propias palabras. *1,5*	Expresa y sintetiza lo importante y principal del texto para poderlo transmitir. *2*	
Analiza	Sintetiza con dificultad el contenido del texto, así como la relación de sus componentes entre sí y no emite un juicio propio. *0,5*	Sintetiza el contenido del texto explicando la relación entre sus componentes sin emitir un juicio propio. *1*	Sintetiza el contenido del texto explicando la relación entre sus componentes y emite un juicio propio. *1,5*	Sintetiza el contenido del texto explicando la relación entre sus componentes y sucesos para emitir un juicio propio. *2*	
Infiere	Emite con dificultad las conclusiones del texto propuesto copiando literalmente partes del texto propuesto. *0,5*	Emite conclusiones del texto copiándolas literalmente del texto. *0,5*	Emite conclusiones. *1*	Emite conclusiones que no están expresadas en el texto literalmente. *1*	
Creación	No crea contenidos. *0*	No crea contenidos, copia literalmente los hechos, personajes y contexto del	Crea nuevos contenidos sin tener en cuenta los hechos, personajes y contexto del	Crea nuevos contenidos a partir de los hechos, personajes y contexto del	

Tabla rúbrica trabajo de comprensión y expresión. Elaboración propia. 2016

Además de la evaluación por parte del profesor, los alumnos opinaron sobre el trabajo de este y los logros obtenidos con la práctica. Parece que resulta necesario que los alumnos también sean activos en su evaluación y participen de la acción de evaluar, tan difícil y subjetiva. Esto supone una reflexión de los participantes que lleva a la mejora de la actividad para próximas intervenciones pero también a entender cuáles son nuestras virtudes y nuestros defectos. Supone la valoración de nuestros puntos fuertes y nuestros puntos débiles y conseguir con ello un aprendizaje profundo y significativo. Se establece, por tanto, un progreso para conocer qué debemos hacer y con ello obtener nuestros mejores resultados y nivel más alto.

Después del proceso de juego se pasó un cuestionario a los participantes, en él y de manera anónima los alumnos vertieron lo que les había parecido la actividad. Todos ellos tienen entre 14 y 16 años, 49 fueron los que lo realizaron, en muchos casos las respuestas son monosílabos que tan solo nos dan una idea aproximada de lo que fue el juego para ellos, en otras, las más aprovechadas, aparecen justificaciones y sugerencias que hemos recogido, estas son las verdaderas palabras que necesitamos para mejorar este tipo de actividades, sus críticas y necesidades que nos llevarán a mejorar el aprendizaje, tanto nuestro como suyo.

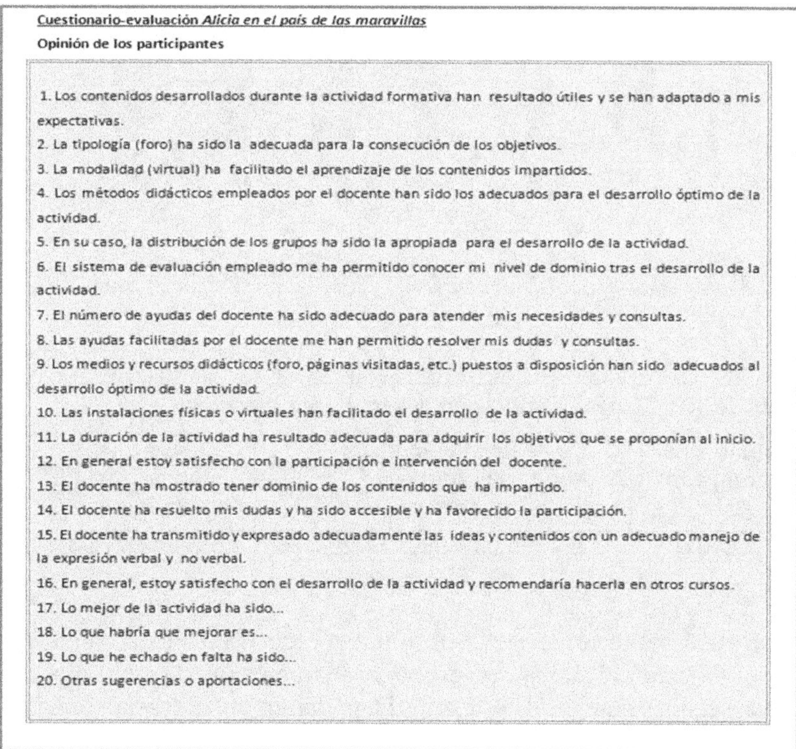

Cuestionario-evaluación *Alicia en el país de las maravillas*

Opinión de los participantes

1. Los contenidos desarrollados durante la actividad formativa han resultado útiles y se han adaptado a mis expectativas.

2. La tipología (foro) ha sido la adecuada para la consecución de los objetivos.

3. La modalidad (virtual) ha facilitado el aprendizaje de los contenidos impartidos.

4. Los métodos didácticos empleados por el docente han sido los adecuados para el desarrollo óptimo de la actividad.

5. En su caso, la distribución de los grupos ha sido la apropiada para el desarrollo de la actividad.

6. El sistema de evaluación empleado me ha permitido conocer mi nivel de dominio tras el desarrollo de la actividad.

7. El número de ayudas del docente ha sido adecuado para atender mis necesidades y consultas.

8. Las ayudas facilitadas por el docente me han permitido resolver mis dudas y consultas.

9. Los medios y recursos didácticos (foro, páginas visitadas, etc.) puestos a disposición han sido adecuados al desarrollo óptimo de la actividad.

10. Las instalaciones físicas o virtuales han facilitado el desarrollo de la actividad.

11. La duración de la actividad ha resultado adecuada para adquirir los objetivos que se proponían al inicio.

12. En general estoy satisfecho con la participación e intervención del docente.

13. El docente ha mostrado tener dominio de los contenidos que ha impartido.

14. El docente ha resuelto mis dudas y ha sido accesible y ha favorecido la participación.

15. El docente ha transmitido y expresado adecuadamente las ideas y contenidos con un adecuado manejo de la expresión verbal y no verbal.

16. En general, estoy satisfecho con el desarrollo de la actividad y recomendaría hacerla en otros cursos.

17. Lo mejor de la actividad ha sido...

18. Lo que habría que mejorar es...

19. Lo que he echado en falta ha sido...

20. Otras sugerencias o aportaciones...

Cuestionario de evaluación. Elaboración propia. 2016

Analizaremos cuestión a cuestión, la utilidad, la adecuación, la facilidad, la metodología, la organización, la evaluación, las ayudas, el desarrollo, las instalaciones, la duración, la satisfacción, el dominio y accesibilidad del máster, así como su expresión, adecuada o no. Además, si la actividad es recomendable y que ha sido lo mejor y lo peor.

Resultados

A continuación, presentamos el gráfico resumen de los criterios que sirvieron para la evaluación del trabajo colaborativo, el clima de trabajo y el uso de Internet están valorados sobre uno en las rúbricas, pero en este gráfico hemos hecho la correspondencia sobre dos para tener el mismo valor que el resto. En la evaluación se ha dado la misma importancia a la lectura que al trabajo colaborativo con lo que tanto uno como otro se han enriquecido mutuamente.

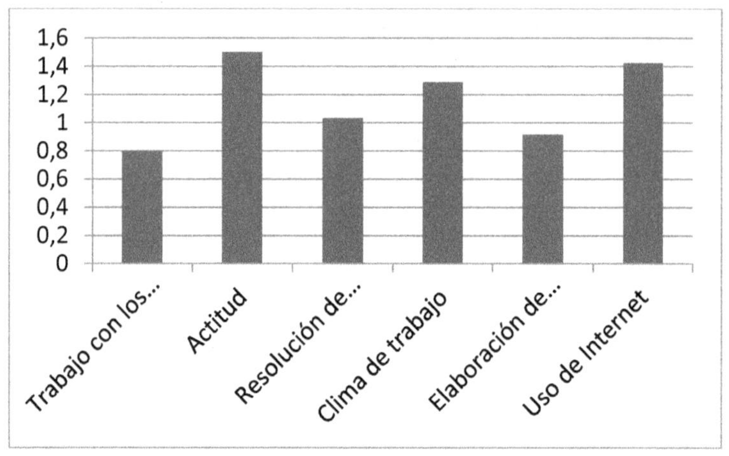

EVALUACIÓN TRABAJO *Alicia en el país de las maravillas*					
Trabajo con los compañeros	Actitud	Resolución de problemas	Clima de trabajo	Elaboración de contenidos	Uso de Internet
0,79661017	1,5	1,03389831	1,2881356	0,91525424	1,4237288

En el gráfico del resumen de las diferentes capacidades exploradas en el juego, en relación al trabajo en grupo, observamos que la actitud es muy positiva, según el análisis de este criterio, podemos entender que están motivados, es algo nuevo que les llama la atención y eso hace que estén alerta y respondan bien a las sugerencias y propuestas. De la misma manera, el uso de Internet está consolidado y la mayoría de jugadores lo utiliza para resolver dudas y problemas planteados a lo largo de la actividad. En relación al clima de trabajo también podemos decir que es altamente satisfactorio, que los jugadores colaboran para que el clima sea bueno y se solventen problemas planteados. En relación al trabajo con los compañeros, la resolución de problemas y, sobre todo, la elaboración de contenidos les cuesta un poco más, son tareas poco reproducidas en la escuela, son tareas nuevas que necesitan de tiempo y guía, la propuesta de soluciones alternativas, la resolución de problemas teniendo en cuenta esas soluciones y la elaboración de contenidos nuevos y originales deben ser propuestas trabajadas más cotidianamente para consolidarlas.

En relación a la evaluación de la lectura, hemos creado un gráfico en el que se aprecian los diferentes criterios, la inferencia y la creación están valoradas en la rúbrica con un punto como máximo, en el gráfico se han valorado sobre dos puntos para ser simétricos con el resto. Se aprecia que la inferencia y la creación han sido los criterios más potentes, en ellos, los jugadores se han sentido más cómodos, el análisis se muestra como lo más complicado, en el caso de la identificación, interpretación y resumen les ha costado y no han sido regulares teniendo dificultades varias.

Es importante entender que la lectura ha ido haciéndose al mismo tiempo que el juego, se leían cinco capítulos y jugábamos, los cinco siguientes y volvíamos a jugar, así hasta acabar el libro. Los primeros capítulos fueron un poco caóticos tanto para el máster, Conejo Blanco, como para el resto de los usuarios, pero a medida que iba avanzando el juego, las narraciones iban pareciéndose a la idea original que habíamos planteado. Los diferentes criterios ayudan a valorar cuáles fueron los aprendizajes, porque la lectura no solo es un ejercicio de comprensión, a través del juego, los alumnos tuvieron que empaparse de la historia y recrearla, teniendo en cuenta la identificación, la interpretación, el análisis y creación, adaptando sus contenidos a sus propias historias, esto ayuda a entender la obra desde diversos puntos de vista y a valorar la imaginación como factor fundamental del hecho de leer.

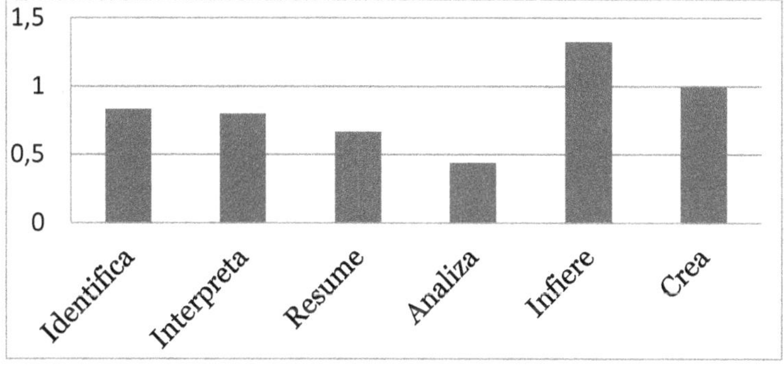

EVALUACIÓN LECTURA *Alicia en el país de las maravillas*						
	Identifica	Interpreta	Resume	Analiza	Infiere	Crea
PROMEDIO	0,83	0,79	0,66	0,43	1,32	0,99

Llegados a este punto, podemos decir que el análisis nos muestra una actividad que contempla muchos de los criterios planteados en los currículos de los cursos obligatorios de secundaria, estos, en muchos casos muy difíciles de llevar a la práctica y mucho más de que los alumnos se sientan motivados para llevarlos a cabo. Con el juego, aunque en un principio se sientan cohibidos, ya que este tipo de actividades no son lo habitual y, en muchos otros casos, la nota es lo importante, cuando entran en el juego la motivación es clara y algunos de estos criterios se cumplen sin apenas esfuerzo. Este 'camino', en muchas ocasiones, difícil de llevar a la práctica por los profesores es claramente novedoso y difícil de ejecutar, por su trabajo y dedicación pero también es altamente provechoso para todos, los aprendizajes son reales tanto para alumnos como para el propio profesor. El análisis muestra que los participantes se implican en el juego, y sus habilidades son un hecho real, factores relevantes ya que los alumnos, en ocasiones, están apáticos ante los contenidos de la escuela.

En cuanto a las opiniones de los participantes, basándonos en el cuestionario presentado anteriormente, de manera anónima los alumnos vertieron lo que les había parecido la actividad.

<table>
<tr><td colspan="2">1. Los contenidos desarrollados durante la actividad formativa han resultado útiles y se han adaptado a mis expectativas.</td></tr>
<tr><td>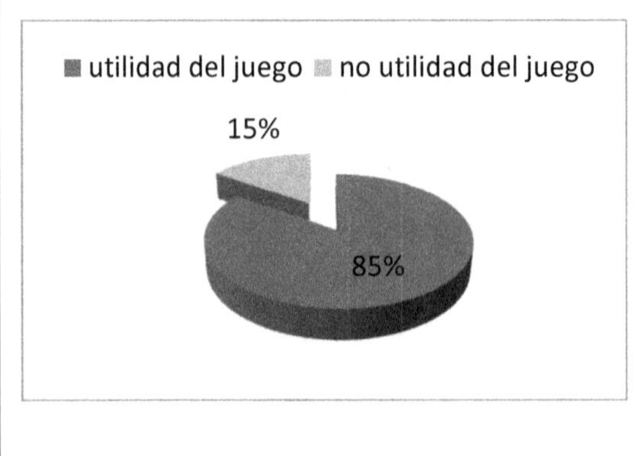
</td><td>En cuanto a la utilidad de los contenidos parece que los participantes están de acuerdo, en general, que los contenidos les han servido para disfrutar más del libro y desarrollar habilidades y estrategias propias de la expresión y comprensión satisfactoriamente. En el gráfico se observa que una gran mayoría opina de esta manera. Les ha gustado la actividad, además de leer el libro, les ha resultado entretenido y motivador el trabajo de recreación.</td></tr>
<tr><td colspan="2">2. La tipología (foro) ha sido la adecuada para la consecución de los objetivos.</td></tr>
</table>

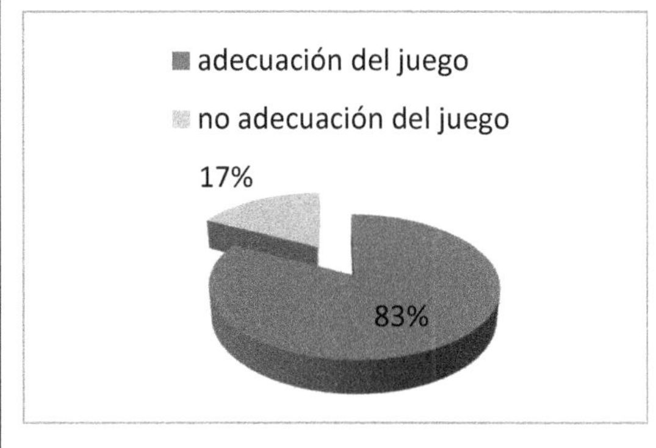

En relación a la herramienta virtual utilizada, el foro, les preguntamos si esta les ha parecido adecuada para lo que han hecho, leer el libro y recrearlo. En general, la mayoría siente que ha sido una buena herramienta para la consecución de los objetivos del trabajo les ha permitido entender el libro de otra forma, reelaborarlo y, con ello, disfrutar más de él. Esta plataforma les ha gustado más que una lectura tradicional con su correspondiente examen sobre la lectura.

3. La modalidad (virtual) ha facilitado el aprendizaje de los contenidos impartidos.

El manejo de la tecnología es motivador para la mayoría de los adolescentes, en este gráfico se observa cómo, en general, están encantados de que la actividad sea en el ordenador y en un entorno virtual, les cuesta menos que trabajar de manera tradicional.

4. Los métodos didácticos empleados por el docente han sido los adecuados para el desarrollo óptimo de la actividad.

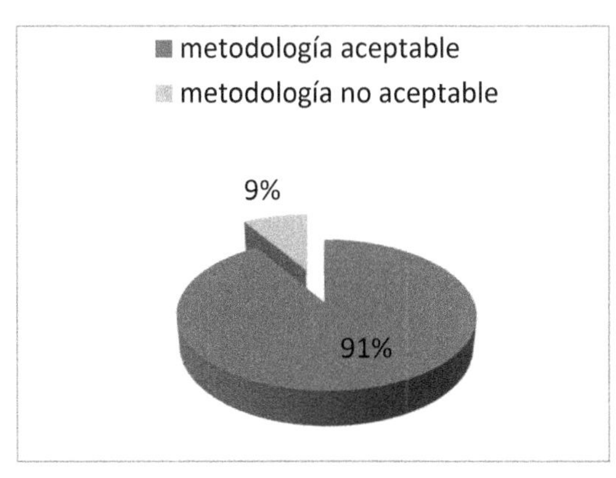

La metodología empleada también ha sido aceptada con gusto por los usuarios, al inicio de la actividad, como hemos comentado en otras ocasiones, ha sido estresante, hemos necesitado tiempo y que esas normas y planteamientos se entendieran, en algunos casos más tiempo que en otros, eso quizá ha sido el factor relevante a la hora de disfrutar del juego. Pero, en general, el gráfico demuestra que han disfrutado y ha merecido la pena.

5. En su caso, la distribución de los grupos ha sido la apropiada para el desarrollo de la actividad.

En cuanto a la organización de los grupos, ha habido quejas, unos mencionan la poca participación de algunos compañeros al inicio, esto les ha retrasado durante la actividad, otros mencionan que les hubiera gustado crear ellos mismos los grupos, no que vinieran dados, también hablan de que algunos grupos eran buenos y otros malos, es decir, que estaban descompensados. En este sentido, deberíamos tener en cuenta la autonomía de los participantes para próximas veces.

6. El sistema de evaluación empleado me ha permitido conocer mi nivel de dominio tras el desarrollo de la actividad.

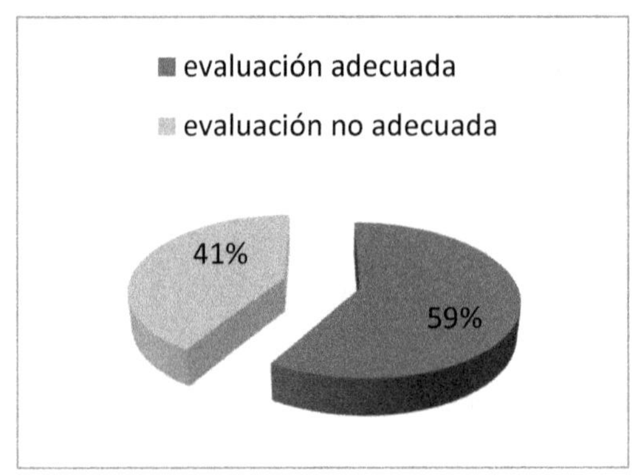

El sistema de evaluación empleado han sido las rúbricas aportadas en epígrafes anteriores. En muchos casos, estas no han sido entendidas y los usuarios hablan de poca retroalimentación por parte del máster o docente. Esto ha supuesto que muchos no estén de acuerdo con su evaluación y no entiendan muy bien su puntuación. La nota es algo que desvirtúa extraordinariamente el trabajo, se trata de entender que la actividad sirve para conocer su dominio de la expresión y comprensión, por parte de ellos mismos, y entender que leer un libro no es solo pasar las hojas pero, como ya digo, la nota, en muchos casos, les obsesiona y no facilita el buen funcionamiento del juego.

7. El número de ayudas del docente ha sido adecuado para atender mis necesidades y consultas.

8. Las ayudas facilitadas por el docente me han permitido resolver mis dudas y consultas.

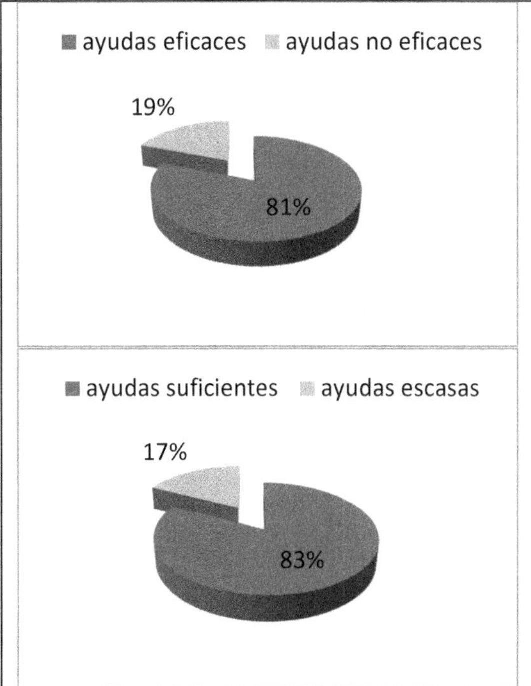

Cuando hablamos de ayudas, en general, la mayoría de participantes en el juego, señala que las ayudas han sido suficientes para atender las necesidades y consultas de los jugadores. De la misma manera, se señala que en la mayoría de los casos, han resuelto adecuadamente las dudas y problemas planteados. Se señala, en algunos casos, que cuando preguntaban se liaban más y, a veces, por eso dejaban de hacerlo, esto es importante para, por parte del máster, anticiparse a esas preguntas o planteamientos que sugieren dudas. También se asegura que el trabajo autónomo es importante, tengas o no tengas ayudas.

9. Los medios y recursos didácticos (foro, páginas visitadas, etc.) puestos a disposición han sido adecuados al desarrollo óptimo de la actividad.

10. Las instalaciones físicas o virtuales han facilitado el desarrollo de la actividad.

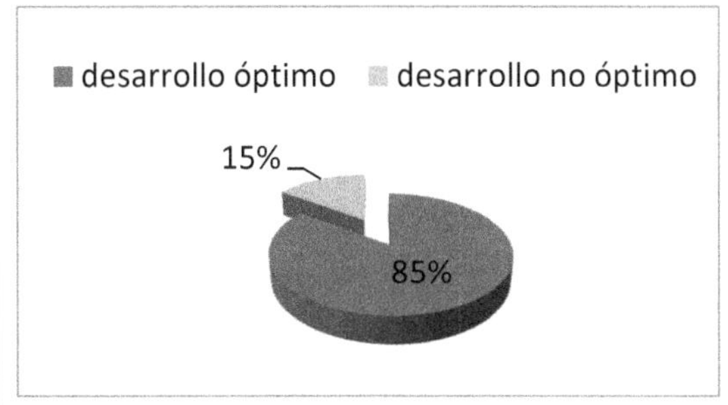

Tanto los recursos tecnológicos como los medios físicos puestos a la disposición del gran grupo, para los alumnos y para el profesor les han parecido suficientes y adecuados, a mí también me lo han parecido. En este sentido, hay que decir que la actividad se ha realizado en un instituto tecnológico, esto es muy importante, la mayoría de los institutos no cuentan con aulas virtuales de 30 puestos 3 veces por semana para un mismo grupo, en el mejor de los casos podrás utilizarlas una vez a la semana y no en todas ellas se contará con una conexión buena. Por tanto, si hubiéramos estado en un instituto no

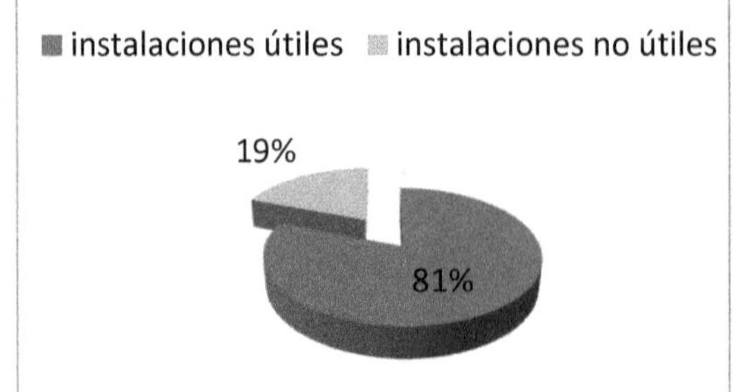

tecnológico, en muchos casos hubieran tenido que trabajar desde casa, hubiera sido una actividad virtual que probablemente tendría resultados diferentes.

11. La duración de la actividad ha resultado adecuada para adquirir los objetivos que se proponían al principio.

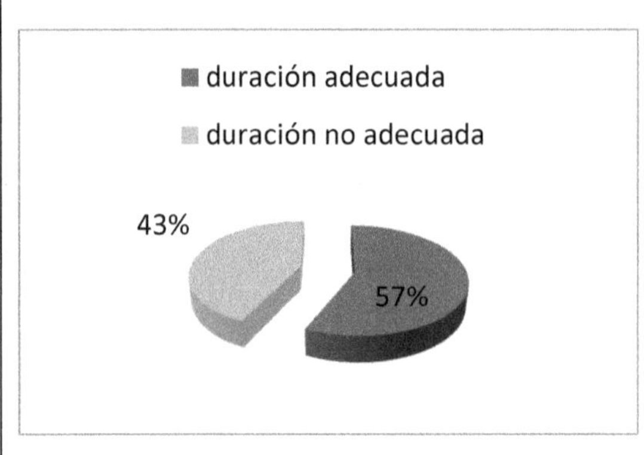

La duración es un problema cuando intentamos trasladar un juego al aula, y más aún, cuando se trata de un videojuego. Los videojuegos no tienen tiempo, cuando juegas no miras el reloj, el tiempo pasa sin sentirlo, no nos damos cuenta de él. En muchos casos, los usuarios han señalado que les faltó tiempo para mejorar sus narraciones, que les faltó tiempo para entender qué tenían que hacer en determinados momentos. Cada usuario-jugador necesita un tiempo para jugar, y en este caso teníamos un tiempo limitado que no a todos les facilitó la tarea.

En los siguientes gráficos se señalan las opiniones de los usuarios en relación al trabajo del máster, si ha hecho un trabajo satisfactorio, si ha dominado la situación, si ha resuelto las dudas y ha favorecido la participación, y, además, si este se ha expresado de tal manera que han quedado claras las normas y reglas de la actividad.

12. En general estoy satisfecho con la participación e intervención del docente.

En general, los usuarios están satisfechos con el trabajo del máster, ya sea para resolverles dudas o introducirles en la actividad. Así se manifiesta en el gráfico.

| 13. El docente ha mostrado tener dominio de los contenidos que ha impartido. |

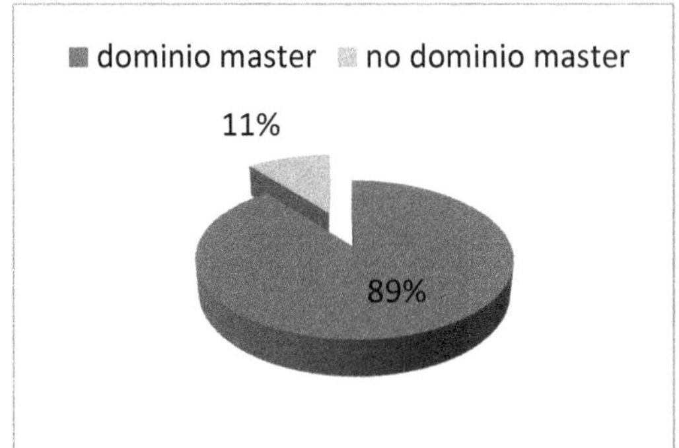

En cuanto al dominio de la situación, según los usuarios, el máster, Conejo Blanco, ha estado ahí cuando se le ha necesitado, ayudando a los grupos a salvar algunos obstáculos, interviniendo si algunos jugadores estaban perdidos o aportando informaciones relevantes para salvar la situación y avanzar en el juego.

| 14. El docente ha resuelto mis dudas y ha sido accesible y ha favorecido la participación. |

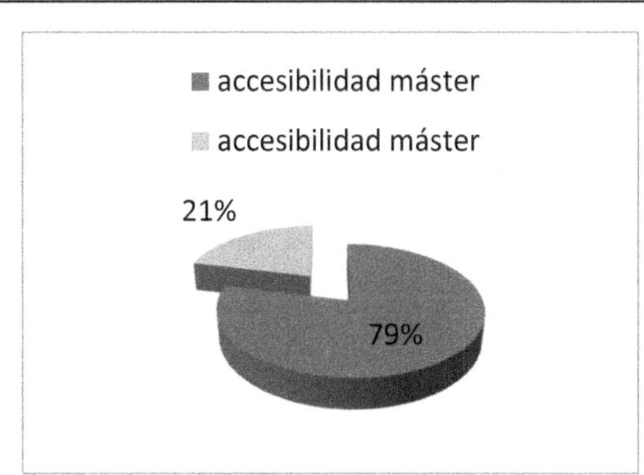

En relación a la accesibilidad, es importante destacar que, además de virtualmente, el máster o profesor ha estado físicamente con ellos en el aula, esto ha supuesto que muchas dudas hayan sido resueltas oralmente sin necesidad de escribir en el foro, ha aportado más cercanía y, en general, los usuarios están satisfechos.

| 15. El docente ha transmitido y expresado adecuadamente las ideas y contenidos con un adecuado manejo de la expresión verbal y no verbal. |

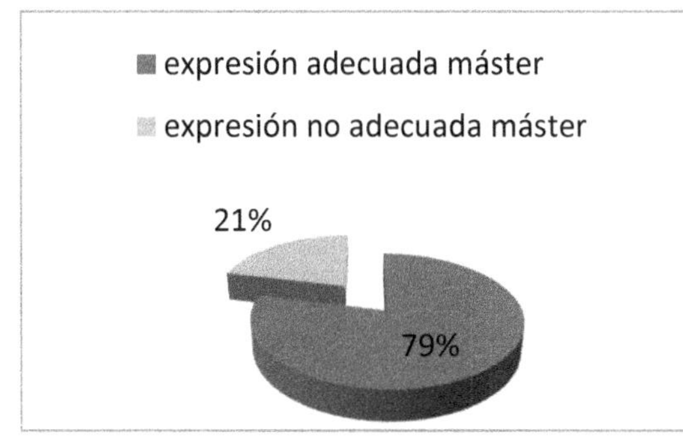

En algunos casos se ha señalado que, al inicio de la actividad, ha sido duro y, en muchos casos, no eran comprensibles las explicaciones. A medida que ha ido avanzando el juego los usuarios han sido conscientes de lo que tenían que hacer y la comunicación ha sido más fluida y eficaz.

| 16. En general, estoy satisfecho con el desarrollo de la actividad y recomendaría hacerla en otros cursos. |

Como se observa en el gráfico, muchos usuarios recomendarían la actividad, señalan que ha sido más divertido que leerse el libro sin más y hacer una prueba objetiva.

17. Lo mejor de la actividad ha sido...

Los usuarios han señalado como lo mejor de la actividad el trabajo con los compañeros, esto ha sido muy gratificante, porque leer el libro y reinterpretarlo añade creatividad a la actividad y es bueno, también es bueno que estén motivados y se diviertan porque probablemente el aprendizaje se consolide más fácilmente, pero que lo mejor para ellos sea el trabajo en grupo, colaborativo, es una satisfacción, estamos ante la verificación de que la colaboración supera a la competición, en este caso ha sido claro. Uno de los puntos fuertes de los juegos de rol es la colaboración, normalmente las luchas entre grupos hacen que los equipos deban estar muy compenetrados y esto ha sido una de las dificultades aunque también una de las virtudes del juego.

18. Lo que habría que mejorar es...

En cuanto a lo peor se vuelven a repetir algunos de los contratiempos señalados anteriormente, la autonomía para crear sus propios grupos, algo que han echado de menos, el tiempo de la actividad, en muchos casos se han quedado cortos para decir todo lo que les hubiera gustado y, la fluidez de los medios, tanto de la página, foro, como de los ordenadores, conexiones, inicio rápido...

Para terminar, cuando se les pregunta qué han echado de menos, en algunos casos responden que hubieran querido saber en qué momento escribían los compañeros, a otros les hubiera gustado tener más herramientas para hablar en grupo, alguno menciona que hubiera sido bueno tener presente el tablero principal para saber por dónde ir, más ayuda por parte del máster, como lo más destacado. En cuanto a las sugerencias, muchos señalan que les gustaría hacer más actividades de este tipo, incluso alguno dice que deberíamos hacerlo con todos los libros de lectura, también señalan que podrían hacerse más días de la semana este tipo de actividades y, reiteran que la elección de grupo o personaje debería haber sido suya, no impuesta como ha sido este caso.

En resumen, los participantes reclaman más autonomía, para confeccionar sus grupos o elegir sus personajes; por otro lado, muchos de ellos señalan que la evaluación no ha sido entendida, esto nos hace reflexionar y tener en cuenta esto para próximos juegos, la evaluación debe ser clara, en el aula la nota es importante y, por eso, debe ser tenida en cuenta y, por parte del máster, señalar sus criterios y normas detalladamente, emplear tiempo para leerla, explicarla y resolver todas las dudas planteadas. La retroalimentación es otro de los reclamos de los jugadores, el máster debe anticiparse a las cuestiones que resulten complicadas para ayudar a los más perdidos, y también, ser lo más práctico y sintético posible, quizá explicaciones largas pueden liar más al jugador y hacer que este se canse y abandone. El máster debe preparar concienzudamente las explicaciones, sobre todo al principio del juego, el inicio es difícil, las actividades de este tipo en el aula son escasas, además, se dan casos en los que no se ha usado nunca un foro y menos para jugar.

Conclusión

El trabajo virtual en las aulas es arduo debido a factores como el tiempo o la accesibilidad. Tanto alumnos como profesores demandamos un contexto de hoy, acorde a nuestras necesidades, sin embargo la escuela, en muchos casos, es ajena a este contexto. Esto dificulta la enseñanza y, por tanto, el aprendizaje.

Llevar a cabo experiencias con tecnología, sabemos que es la clave de una mejor consolidación de los aprendizajes actualmente porque hoy las herramientas virtuales dominan en uso, en la mayoría de los casos a las tradicionales. Las lecturas ya no se hacen solo en libros, los dispositivos electrónicos cada vez son más usados. Y no solo debemos tener en cuenta el plano material, nuestras actitudes con respecto al aprendizaje y al disfrute de la cultura también han cambiado. No somos o no queremos ser sujetos pasivos que consumen cultura, la reconstrucción y producción de nuestras propias experiencias es un factor relevante en nuestra sociedad, cada vez más público interpreta sus gustos y preferencias y crea nuevos productos que hace públicos.

Además, el juego es un elemento potencialmente motivador, a través de lo lúdico el aprendizaje se revela como algo sin esfuerzo y, por tanto agradable de ejecutar. A través del juego o usando algunas de sus estrategias los currículos dejarían de ser tan tediosos para nuestros alumnos. Cuando algo es divertido, el aprendizaje se da sin esfuerzo, por placer y esto nos ayuda a avanzar.

Entender que los contenidos son necesarios es importante pero entender que la manera de llegar a nuestros alumnos debe estar atravesada por la tecnología y las directrices de esta, es también prioritario. Debemos tener claro que el papel de los usuarios, hoy es principal, los alumnos deben ser sujetos activos que construyan sus contenidos a partir de una base, cada uno a un ritmo y utilizando caminos únicos.

En estas actividades 'nuevas', teniendo en cuenta el contexto actual, deben estar implicados tanto profesores como alumnos, los objetivos y criterios deben ser consensuados y valorados por todos. El docente será un guía que también aprenderá durante el proceso de igual manera que sus alumnos y en la fase de reflexión evaluará a sus alumnos y también aceptará sus críticas. Todo ello con el único objetivo de mejorar las prácticas en las aulas.

Listado de referencias

APARICI, Roberto. y SILVA, Marco. (2012). Pedagogía de la interactividad. Revista Comunicar, número 38, v. XIX. Revista Científica de Educomunicación.

CELSO, Viviana Elisabeth. (2006). El lenguaje de los videojuegos, sus pliegues y recortes en las prácticas sociales. Revista Novedades Educativas (Mayo 2006)

FRASCA, Gonzalo. (2009). Juego, videojuego y creación de sentido. Una introducción. Revista Comunicación, número 7, Vol. 1, pp.37-44.

GARCÍA GARCÍA, Francisco. (2006). Videojuegos y virtualidad narrativa. Revista ICONO 14, número VIII.

GEE, James Paul. (2004): Lo que nos enseñan los Videojuegos sobre el aprendizaje y el alfabetismo. Málaga, Aljibe

GONZÁLEZ SÁNCHEZ, J.L., PADILLA CEA, N., GUTIÉRREZ, F.L. y MONTERO, F. (2008). Jugabilidad como calidad de la experiencia del jugador en videojuegos. Este trabajo está financiado: Comisión Internacional para la Ciencia y la Tecnología (CICYT) dentro del Proyecto DESACO (TIN2008-06596- C02, subproyecto 1 y 2); y el programa F.P.U del Ministerio de Ciencia e Innovación, España.

LEVIS, Diego. (2004). Videojuegos: lenguajes detrás del juego. Revista Comunicación y Pedagogía, Barcelona. (Diciembre 2004)

MAR, Marcos, SANTORUM, Michael. (2012). La narración del videojuego como lugar para el aprendizaje inmersito. Revista de estudios y Juventud, número 98. (Septiembre 2012)

PÉREZ LATORRE, Oliver. (2012): El lenguaje videolúdico. Análisis de la significación del videojuego. Barcelona, LAERTES

PÉREZ LATORRE, O. (2011). Géneros de juegos y videojuegos. Una aproximación desde diversas perspectivas teóricas. Revista de Recerca i d'Analisi, vol. 28 (2011) pp. 127-146. (Societat Catalana de Comunicació)

SCOLARI, Carlos A. (2013): Narrativas Transmedia. Cuando todos los medios cuentan. Barcelona. DEUSTO

IV CIVE. (26 . 28-10-16): De la idea a la pantalla. COMPENDIO DE INVESTIGACIONES SOBRE JUEGOS SERIOS. Universidad de Vigo.

Sobre gamificación.

Blog de Fernando Santamaría. Reflexiones sobre ecologías y espacios del aprendizaje, análisis del aprendizaje y análisis de redes sociales. Visualización de datos, Big Data y otros temas emergentes. (Recuperado en diciembre 2017) http://fernandosantamaria.com/blog/tag/gamification/

Edge, B. I. (n.d.). Gamificación. Centro de Innovación BBVA.

Ferrández, M. N. (2013). El "jidoka" y la gamificación al servicio del control de gestión. Estrategia financiera, (306), 58–63.

Gamificación. (2013, June 13). In Wikipedia, la enciclopedia libre. Retrieved from http://es.wikipedia.org/w/index.php?title=Gamificaci%C3%B3n&oldid=66600863

gamificacion.com. (n.d.). Retrieved from http://www.gamificacion.com/

Gómez, C. G. (2012). Estrategia empresarial 2.0: Una aproximación a la gamificación mediante el estudio de casos, 843–853.

López Navarro, C. (2013). La gamificación en el Área de Economía. Retrieved from http://repositorio.ual.es/jspui/handle/10835/2294

Molina, J. C. (2013). A jugar con los clientes: gamificación y marketing. MK: Marketing + ventas, (286), 8–.

Pfister, A. (2012). Gamificación o cómo conectar con nuestros usuarios para incentivar su participación. Interactiva: Revista de la comunicación y el marketing digital, (140), 62–.

Santamaría, F. (n.d.). Gamificación. Fernando Santamaria. Retrieved from http://fernandosantamaria.com/blog/tag/gamification/

Vilela, N. (n.d.). ¿Qué es la gamificación? Startcapps. Blog. Retrieved from http://www.startcapps.com/blog/que-es-la-gamificacion/

CAPÍTULO IV

LOS SMOOC, UNA OPORTUNIDAD DE EDUCACIÓN PARA LA SALUD BASADA EN HABILIDADES

Alejandro Buldón Olalla
Grupo Amavir, España
Óscar Almazán López
Santa Fe Public School, Estados Unidos

Resumen

La salud es una de las preocupaciones más importantes de la población. La gran cantidad de factores que la determinan obliga a un abordaje global que debe implicar tanto a organismos internacionales, gobiernos, entidades sanitarias, educativas, sociales y laborales, como a comunidades, núcleos familiares e individuos. Los ciudadanos, lejos de ser meros sujetos pasivos, deben interesarse por la adquisición de conocimientos, actitudes y habilidades que les permitan decidir sobre la salud propia y colectiva. Con este propósito, se pueden aprovechar los escenarios digitales y las TRIC para desarrollar programas de educación para la salud basada en habilidades. Estos serán efectivos siempre que pongan el foco en las personas y logren su participación activa, crítica y creadora. Por dichas razones se proponen los sMOOC, cursos online, masivos y abiertos de marcado carácter social, como herramientas formativas en pro de la salud que están al alcance de todo aquel con acceso a Internet de manera ubicua. Estos cursos propician la aplicación de las directrices señaladas por la Organización Mundial de la Salud a la hora de diseñar experiencias de aprendizaje destinadas a mejorar la alfabetización sanitaria de la población. Por otro lado, hacen posible que las intervenciones sean aplicables a lo largo de todo el curso de vida y tengan un enfoque poblacional, positivo e integral tal y como recomienda la Estrategia de promoción de la salud y prevención en el Sistema Nacional de Salud. Un ejemplo de la viabilidad de esta idea es el sMOOC Running Saludable 2.0 del proyecto europeo ECO.

Palabras claves

Salud, Educación Superior, MOOC, Comunidad de práctica

Introducción

La educación tradicional no satisface las demandas de la nueva sociedad hiperconectada. Por ello cada vez más personas deciden formarse de manera autónoma atendiendo a sus necesidades, buscando una experiencia a medida. Los escenarios digitales proporcionan innumerables posibilidades de aprendizaje formal, no formal e informal, siendo el límite entre ellos cada vez más difícil de distinguir. Esta realidad es potenciada por las tecnologías móviles con conexión a Internet que favorecen el aprendizaje situado y contextualizado, permitiendo llevar este a su máxima expresión ya que las personas pueden instruirse en función de sus circunstancias, sin barreras temporo-espaciales. La web 2.0 y el software social imprimen un carácter colaborativo al aprendizaje gracias a la conexión de nodos que comparten, co-crean y reformulan el conocimiento. La aldea global (McLuhan y Powers, 1990) brinda el protagonismo del proceso formativo a quien quiera asumir el reto. Los individuos, las comunidades, las poblaciones adoptan un rol activo, se apropian del entorno educomunicativo y se hace factible informarse y decidir en muchos aspectos de la vida, uno de ellos la salud.

Este ensayo explora las posibilidades que ofrecen las TRIC, Tecnologías de la Relación, Información y Comunicación (Marta-Lazo, Gabelas y Aranda, 2012) y el aprendizaje ubicuo (Cope y Kalantzis, 2009) con el fin de mejorar la alfabetización sanitaria de la población. La educación para la salud es más eficaz cuando se emplean métodos de enseñanza participativos e interactivos como pueden ser las comunidades de aprendizaje en red (Rheingold, 1993). En ellas, los participantes se encuentran al mismo nivel y aprenden todos con todos, incluso los docentes que, aunque seleccionan y elaboran los contenidos o diseñan unas estructuras iniciales, rompen rápidamente con el modelo transmisivo de educación y se sumergen junto a sus iguales para ayudar a que el aprendizaje fluya en función de los intereses de cada uno. En este sentido, los sMOOC, cursos online, masivos y abiertos con una naturaleza eminentemente social, ofrecen un ecosistema adecuado para adquirir y poner en práctica conocimientos, actitudes y habilidades que ayuden a los participantes a tomar buenas decisiones sobre salud. Un ejemplo de la viabilidad de esta idea es el sMOOC Running Saludable 2.0 del proyecto europeo ECO.

Desarrollo

Preocupación por la salud

A lo largo de la historia el concepto de salud se ha asociado a la ausencia de enfermedad y siempre se ha descrito en términos negativos. En 1946, la Organización Mundial de la Salud (OMS) definió la salud como un "estado de completo bienestar físico, mental y social, y no solamente la ausencia de afecciones o enfermedades" (p. 1). Era una de las primeras ocasiones en que se definía la salud en sentido positivo y se tenían en cuenta las áreas mental y social. Sin embargo recibió numerosas críticas (Alcántara, 2008) pues se dijo que era una definición subjetiva y estática, que equiparaba salud a bienestar, que no reparaba en la capacidad para funcionar de los individuos y que alcanzar la salud en esos términos era utópico. Hoy día, la salud es un concepto positivo, un recurso para la vida que está en interacción dinámica con la enfermedad (Salleras, 1985). Para analizarla se deben valorar varios aspectos: la percepción de bienestar físico, mental y social que tiene el individuo, la capacidad para adaptarse al medio y la capacidad para funcionar (Gaviria y Talavera, 2012).

Según el Eurobarómetro de primavera de la Comisión Europea (2017), uno de cada cinco europeos considera que la salud es el asunto más importante al que se enfrenta su país en la actualidad. Hasta diez países de la Unión Europea consideran la salud como su máxima preocupación. En España, la salud es la tercera preocupación de la población, solo superada por el desempleo y la situación económica. Se hace patente que "la sociedad da un alto valor a la salud y demanda una respuesta conjunta, coordinada, integrada y mantenida en el tiempo" (Min. de Sanidad, 2013, p.14). A pesar de ello, algunas amenazas se ciernen en torno al mantenimiento de estilos de vida saludables.

Amenazas

    a.   Factores de riesgo para las enfermedades no transmisibles

El tabaco, el alcohol, la inactividad física y las dietas malsanas son los principales factores de riesgo que se identifican en niños y adultos para desarrollar enfermedades no transmisibles (ENT), responsables del 70% de las muertes que se producen en el mundo (OMS, 2017a). Se trata principalmente de las enfermedades cardiovasculares, el cáncer, las enfermedades respiratorias crónicas y la diabetes. Los comportamientos y los hábitos se gestan en la infancia temprana (Cooper et al., 2013). El conocimiento alcanzado y las vivencias en esta época marcarán el estilo de vida en la edad adulta. Es importante destacar esto porque si bien los niños, especialmente los adolescentes, están expuestos a los mismos riesgos que los adultos, son todavía más vulnerables al carecer de experiencia y capacidad para reflexionar de manera crítica acerca de ellos.

Una dieta no saludable conduce a la doble carga de la malnutrición ya que si por un lado puede provocar problemas de desnutrición junto a sobrepeso u obesidad, además puede llevar consigo el desarrollo de ENT relacionadas con la alimentación. Esta coexistencia aparece a nivel individual, familiar o poblacional a lo largo de toda la vida (OMS, 2017b).

El tabaquismo es uno de los principales contribuyentes a las ENT y a la mortalidad temprana en adultos. Fumar en la adolescencia aumenta el riesgo de adicción a la nicotina, que desemboca en el consumo regular y sostenido de tabaco en la edad adulta (OMS, 2017c). En España, el 23% de la población mayor de 14 años fuma a diario (Min. de Sanidad, 2016).

El consumo de alcohol durante la adolescencia aumenta el riesgo de lesiones, violencia, relaciones sexuales sin protección e intentos de suicidio. En la edad adulta, influye en los riesgos para las ENT (OMS, 2017c). En España, el 67,3% de la población de más de 14 años ha consumido alcohol alguna vez en el último año (Min. de Sanidad, 2016).

Mantener niveles de actividad física adecuados ayuda a prevenir las ENT. Sin embargo, a nivel mundial en 2010, más del 80% de los adolescentes que asistían a la escuela de entre 11 y 17 años no realizaban suficiente actividad física, es decir, no alcanzaban la recomendación de al menos 60 minutos de actividad física de intensidad moderada a vigorosa al día. Alrededor del 23% de los mayores de 18 años no realizaban suficiente actividad física, es decir, realizaban menos de 150 minutos de actividad física de intensidad moderada a la semana o menos de 75 minutos de intensidad vigorosa o una combinación de ambas. (OMS, 2010a; OMS, 2010b).

   b.   La publicidad

En los últimos años, grandes marcas y empresas que se relacionan de alguna manera con la salud y con los factores de riesgo para las ENT están potenciando su discurso mediante la web social, copando la conversación global mientras envuelven su mensaje en una falsa interactividad (Martini, 2010) que parece otorgar al ciudadano un rol protagonista. Sfez (1994) describe irónicamente la interactividad como "un excelente argumento de venta (...) la promesa de un diálogo enriquecedor que hace tragar la píldora" (p. 275). Según Silva (2005) la interactividad "fabrica adhesión, provoca opinión pública, prepara los espíritus, es objeto de publicidad o ideología, entendida esta como dominio de las creencias unificadoras, estabilizadoras" (p. 75).

Algunas estrategias publicitarias ensalzan las acciones sociales y humanas de las empresas (Fernández, Alameda y Martín, 2011) o anteponen la creación de un mundo de valores y símbolos deseables que se correlacionan con la marca para generar un prejuicio favorable a ella, independientemente del producto de venta y sin informar sobre el mismo. La tendencia es intentar conmover al ciudadano, más aún en un contexto de crisis económica en el que "el receptor está predispuesto positivamente a recibir mensajes emocionales y empáticos que pueden resultar altamente efectivos y virales" (Raya-González, 2017, p. 796).

La equiparación entre buena salud y una imagen corporal acorde a los cánones de belleza establecidos es una constante en publicidad. El uso de cuerpos esculpidos, delgados o sonrisas impecables, es un reclamo en anuncios de alimentación, deporte, cosmética o moda. Los ciudadanos nos vemos sometidos a la presión silenciosa que subyace de esta relación (Cabrera, 2010). La publicidad, junto a otros factores sociales y personales, influye en trastornos de la conducta alimentaria como la anorexia y la bulimia nerviosa (Carrillo, 2004). También se ha identificado a los medios de comunicación y la publicidad como "factores externos desencadenantes de los trastornos en la imagen corporal" (Mas-Manchón et al., 2015, p. 425).

Mención aparte requiere la publicidad dirigida a los más pequeños, sobre todo ahora que cada vez hay más puntos de entrada en los hogares gracias a los dispositivos móviles. Es constante la relación entre niños, diversión, felicidad y el consumo de todo de tipo de productos alimenticios desaconsejados por las autoridades sanitarias: bollería industrial, snacks, refrescos o dulces. La relación entre obesidad infantil y la publicidad de alimentos no saludables y bebidas azucaradas está comprobada fehacientemente (Hastings et al., 2003; McGinnis, Gootman y Kraak, 2006). Por ello se insta a reducir la exposición de los niños y los adolescentes a la promoción y la influencia de los alimentos malsanos (Ponce, Pabón y Lomas, 2017), también en lo referente al marketing digital debido a la gran dificultad de controlar este.

Gracias a las redes sociales digitales, la publicidad se distribuye a gran escala de manera rápida, segmentada, sutil y personalizada.

> Todo lo que haces mientras navegas es analizado por algoritmos: tu dispositivo, el navegador, el tiempo que has reproducido un vídeo o tus "me gusta" y retuits. En función de este gran conjunto de datos que dejamos atrás, cada individuo tiene una experiencia online personalizada. (...) Esto que puede ser una ventaja porque la información que se nos presenta proviene de aquellas fuentes a las que a priori consideramos más relevantes, se puede convertir en un inconveniente ya que moldea tu realidad, refuerza tus creencias y no te permite escuchar a personas contrarias. En cierto modo disminuye tu creatividad, tu curiosidad, tu capacidad de aprender. (Buldón, 2017).

Una práctica habitual en las redes sociales es la utilización de personajes famosos, populares o *influencers*, con muchos seguidores en ellas, a veces millones, para que enseñen o mencionen sus productos sin advertir de que se trata de publicidad, de modo que estamos ante una práctica encubierta que contraviene la legalidad vigente ya que en España la publicidad debe presentarse como tal y debe identificarse claramente al anunciante para que no pueda confundirse con otro tipo de contenido (Ley 34/2002).

Si consideramos lo planteado en este apartado, podemos afirmar que los mensajes publicitarios condicionan no solo nuestros patrones de consumo sino también nuestro estilo de vida.

c.   Infoxicación y falsa información

Al mismo tiempo, el abrumador flujo de información que circula en la red dificulta la aplicación de hábitos saludables. ¿Quién no ha tenido la sensación angustiosa de recibir un exceso de información, de no poder abordarla, de saltar de una publicación a otra sin entender lo que lee? Es lo que se conoce como infoxicación. Afortunadamente hay estrategias para no naufragar en Internet y muchas están en nuestras manos, empezando por la alfabetización digital, el desarrollo del pensamiento crítico o el uso de herramientas de curación de contenidos. Asimismo, estamos rodeados de información falsa que se propaga por las redes sociales. Existen muchos mitos e información interesada que la gente cree y comparte de forma acrítica solo porque están presentados de manera atractiva o refuerzan sus creencias. Los bulos en la red suelen tratar principalmente temas relacionados con la salud y la alimentación en un 32,5%, muy por encima de los relacionados con la tecnología, 13%, y la economía, 11% (Asociación de Internautas, 2012). En palabras de Eli Pariser, parece que la verdad no grita suficientemente alto y necesita mejor marketing (Espacio Fundación Telefónica Madrid, 2017).

Debilidades

a.   Formación del alumnado

Teniendo en cuenta la importancia que la población concede a la salud, se antoja escasa la formación que reciben al respecto los niños y adolescentes en la educación formal en España. La salud se trata transversalmente, sin que exista una asignatura específica de educación para la salud. El 60% de los centros educativos de primaria y secundaria dedica poco más de una hora al mes a la educación para la salud, a pesar de ser materia prioritaria para el 97% de los profesores (Asociación Española Contra el Cáncer, 2016).

La Educación Física, sobre la que recae gran parte de la adquisición de competencias relacionadas con la salud, ha pasado al bloque de asignaturas específicas con la Ley Orgánica 8/2013, de 9 de diciembre, para la Mejora de la Calidad Educativa (LOMCE). Esto significa que no se regula a nivel estatal la carga horaria, lo que puede propiciar discrepancias entre comunidades autónomas o centros educativos. Además, ha desaparecido la competencia de conocimiento e interacción con el medio físico y natural y no se trabaja sobre la competencia motriz (Martín, Romero-Martín y Chivite, 2015).

El desarrollo de estilos de vida saludables se ve entorpecido de manera similar por el bajo grado de competencia mediática de los españoles (Ferrés et al., 2011). Los ciudadanos han de ser capaces de relacionarse de manera crítica con los mensajes que reciben a través de los medios, incluidos los vinculados con la salud. Resulta difícil que jóvenes y adultos no aspiren a los ideales de belleza y los hábitos de consumo transmitidos en ellos como algo deseable si no reciben ninguna instrucción en esta materia que les dote de argumentos para interpretar y rebatir una posible visión sesgada e interesada sobre la salud. Es necesaria su formación y compromiso para que "sean capaces de producir y de difundir mensajes que contribuyan al desarrollo personal y a la mejora del entorno social" (Ferrés, Aguaded-Gómez, y García-Mantilla, 2012, p.41). Existe una escasa presencia de la competencia mediática en el currículo de las etapas de enseñanza obligatoria (Ramírez, Renés y Aguaded, 2016, p. 56) que debería hacer reflexionar y actuar los responsables en materia de educación.

Todas estas limitaciones en los planes de estudio reducen las posibilidades educativas disponibles para promocionar hábitos de vida saludables en la ciudadanía.

b. Formación del profesorado y de los profesionales de la salud

En lo que se refiere a la formación recibida por los maestros, quienes deben ser agentes de salud en colegios e institutos, no existe una asignatura troncal de promoción y educación para la salud en los planes de estudios de magisterio y del máster de formación del profesorado de secundaria. En el mismo sentido, la formación en promoción y educación para la salud que se imparte en las facultades de ciencias de la salud es pobre. Ya en el año 2000, el informe SESPAS advertía sobre ello tras revisar 131 planes de estudio universitarios. El descriptor educación para la salud solo aparecía en las carreras de Medicina, Fisioterapia, Terapia Ocupacional y Enfermería (Álvarez y Peiró, 2000). Con el paso de los años, la trascendencia de estas materias en los currículos no ha mejorado mucho lo que revela "falta de compromiso por parte de los responsables de los planes de estudio de las diferentes titulaciones en la promoción y educación para la salud" (Ruano-Casado y Ballestar-Tarín, 2015, p.152).

Fortalezas

Una vez analizadas las amenazas y debilidades, este ensayo pretende lanzar un mensaje de esperanza y posibilidades en lo referente a la educación para la salud. Por ese motivo pasamos a detallar lo que consideramos fortalezas que favorecen en la población el mantenimiento de un estilo de vida saludable.

a. Marco legal

El marco legal español deja claro que la salud importa y mucho:

- La Constitución española (1978), en el artículo 43, reconoce el derecho a la protección de la salud y establece que los poderes públicos fomentarán la educación sanitaria.

- La Ley 14/1986, de 25 de abril, General de Sanidad, hizo efectivo ese derecho a la protección de la salud y estable-ció que el sistema sanitario se orientará hacia la prevención de la enfermedad y la promoción de la salud.
- La Ley 31/1995, de 8 de noviembre, de Prevención de Riesgos Laborales, establece un marco de promoción de salud en el lugar de trabajo y aboga por una mejora de la educación en materia preventiva.
- La Ley 16/2003, de 28 de mayo, de Cohesión y Calidad del Sistema Nacional de Salud, pone el foco en las bases para una asistencia de calidad e incluye la cartera de ser-vicios comunes de salud pública entre las prestaciones básicas.
- La Ley 39/2006, de 14 de diciembre, de Promoción de la autonomía personal y atención a las personas en situación de dependencia dicta las bases para la prevención de las situaciones de dependencia.
- La Ley 33/2011, de 4 de octubre, General de Salud Pública, dispone las bases legales para la coordinación efectiva entre los servicios asistenciales y de salud pública, así como la del sector salud con otros sectores.
- La Ley Orgánica 8/2013, de 9 de diciembre, para la mejora de la calidad educativa (LOMCE), como ya hemos dicho anteriormente, aborda la salud transversalmente en el currículum.

b. Estrategia de promoción de la salud y prevención en el Sistema Nacional de Salud (SNS)

Otro factor que fortalece la adopción de estilos de vida saludables es la Estrategia de promoción de la salud y prevención en el SNS aprobada por el Consejo Interterritorial en el marco del abordaje de la cronicidad. Su misión es:

> Facilitar un marco común para la promoción de la salud y la prevención primaria a lo largo del curso de vida armonizando su integración en la cartera de servicios del sistema nacional de salud, implicando activamente a otros sectores de la sociedad y promoviendo la participación de los individuos y de la población para incrementar su autonomía y capacidad para ejercer un mayor control sobre la salud. (Min. de Sanidad, 2013)

La estrategia ha partido de la identificación de las mejores prácticas disponibles en materia de promoción y prevención tanto en la literatura científica y las guías de referencia nacionales e internacionales, como en las comunidades autónomas, con el objetivo de universalizarlas en todo el SNS. De este modo se pretende avanzar en la atención integral en salud, afianzar la prevención y promoción de la salud en atención primaria y promover las acciones comunitarias en los diferentes entornos: sanitario, social, educativo. En este último, el educativo, confía debido a la larga trayectoria de trabajo en materia de salud y propone profundizar en dos ámbitos concretos: la actividad física y la alimentación saludable por un lado y el bienestar y salud emocional por otro. Sin embargo se reconoce que la implementación de contenidos específicos en las escuelas presenta gran variabilidad causada por distintas necesidades y carencias determinadas por diferentes contextos.

c.   Plan Estratégico de Salud Escolar y Estilos de Vida Saludables

El Plan Estratégico de Salud Escolar y Estilos de Vida Saludables (Min. de Educación, 2016) nace con el fin de constituir un marco general para las actuaciones de educación para la salud en las escuelas y salvar así las dificultades de implementación encontradas. El periodo de aplicación se fija entre 2016 y 2020. Sus objetivos son:

> Establecer y reforzar marcos de colaboración institucional entre la administración central y autonómica y los agentes implicados para la promoción de estilos de vida saludable en el ámbito educativo.

> Diseñar estrategias de promoción de la salud en el ámbito educativo con la implicación de la comunidad educativa en el fomento y desarrollo de estilos de vida saludable.

> Crear y desarrollar la Red Estatal de Escuelas Promotoras de la Salud y favorecer la creación y mantenimiento de Escuelas y Redes de Escuelas Promotoras de la Salud.

> Asegurar la formación y capacitación del profesorado para la educación y promoción de la salud.

> Investigar y evaluar los logros relacionados con la adquisición de estilos de vida saludable.

d.   Esfuerzos internacionales

A nivel internacional también existen fuerzas trabajando para mejorar la formación, la promoción de la salud y la puesta en práctica de estilos de vida saludables. En 2015, la UNESCO, junto con UNICEF, ACNUR y otras muchas organizaciones y autoridades gubernamentales afirmaron en la Declaración de Icheon que una educación de calidad es la base de la salud y el bienestar. Un año más tarde, la UNESCO presentó su nueva estrategia específica sobre la educación para la salud y el bienestar que articula su compromiso encaminado a promover una mejor salud y bienestar para todos los niños y jóvenes. La Convención sobre los Derechos del Niño o la Declaración Universal de Derechos Humanos son solo dos ejemplos del acuerdo adquirido a nivel global que promueven la salud y la educación.

Oportunidades

Las fortalezas identificadas son los cimientos sobre los que podemos construir oportunidades en aras de impulsar el compromiso con objetivos en salud.

a. La educación para la salud basada en habilidades

A tenor de lo planteado hasta este momento, parece claro que la educación para la salud debe ser un componente clave en cualquier programa educativo y de salud pública. La educación para la salud comprende las oportunidades de aprendizaje creadas conscientemente destinadas a mejorar la alfabetización sanitaria, tanto conocimientos como habilidades, que conduzcan a la mejora de la salud (Min. de Sanidad, 1998). Su finalidad es responsabilizar a los ciudadanos en la defensa de la salud propia y colectiva. Se trata de un instrumento utilizado en todos los niveles del proceso asistencial, tanto en la prevención, el tratamiento, y la rehabilitación, como en la promoción, por lo que atañe a profesionales sanitarios, sociales y de la educación (Seppilli y Modolo, 1981).

En sus inicios, la educación para la salud se basaba fundamentalmente en la difusión de información y hechos. Progresivamente, los esfuerzos se han centrado más en el abordaje global de la salud (físico, social, emocional y mental) y en el desarrollo de habilidades relacionadas con ella, lo que deriva en la educación para la salud basada en habilidades (OMS, 2003). Se trata de un enfoque que pretende crear o mantener estilos y condiciones de vida saludables a través del desarrollo de conocimientos, actitudes y especialmente habilidades, utilizando una variedad de experiencias de aprendizaje, con énfasis en métodos participativos. El conocimiento hace referencia a un conjunto de información y su comprensión. Las actitudes son las inclinaciones personales, preferencias y evaluaciones subjetivas que predisponen a uno a actuar o responder de una manera predecible. Las habilidades son las capacidades que permiten a las personas desarrollar comportamientos específicos. Podemos dividirlas en:

-   Habilidades para la vida: repertorio de destrezas psicosociales dirigidas hacia uno mismo, hacia los demás o hacia su entorno (Melero, 2013). Se trata de diez habilidades definidas por la OMS, entre las que se encuentran la empatía, el pensamiento crítico y creativo o el manejo de problemas y conflictos.
-   Otras habilidades: hacen referencia a destrezas prácticas relacionadas con la salud como los primeros auxilios, la higiene o la salud sexual.

Los programas de educación para la salud serán más eficaces si se complementan con políticas y servicios relacionados con la salud y con entornos saludables, es decir, si se incide sobre los determinantes sociales de salud (OMS, 2003).

b. El aprendizaje ubicuo

La imparable expansión de las conexiones y tecnologías inalámbricas provoca la ausencia de límites en relación a cuándo o dónde se produce el aprendizaje. El ciudadano puede profundizar en sus intereses o necesidades lejos de los rígidos itinerarios de la educación formal. Como afirma Burbules (2012): "cualquiera que haya sacado un teléfono inteligente u ordenador portátil para buscar en la web la respuesta a una pregunta, o para llamar a alguien para obtener información (...), ya se ha convertido en un aprendiz ubicuo" (p. 4). Esta poderosa característica de nuestro tiempo facilita el aprendizaje autónomo a lo largo de la vida, un acceso masivo a información estructurada o caótica que demanda ciertas habilidades al sujeto para tener éxito en sus propósitos. En el ámbito educativo, esto exige una responsabilidad compartida. Por un lado, el aprendizaje ubicuo coloca al estudiante en el centro del proceso y le exige curiosidad e iniciativa. Por otro, el educador debe ser su guía y estimular su voluntad de aprender e interactuar. Este doble esfuerzo empuja a ambos a abandonar sus roles tradicionales, a transitar caminos poco conocidos, con la necesidad de apoyarse en las motivaciones, experiencias y formas de aprender de los alumnos.

La irrupción de la web social ha propiciado paralelamente el afloramiento de las comunidades de aprendizaje en red. Para García (2006), se conciben como "aquel conjunto de comunidades de aprendizaje interconectadas entre sí en función de intereses y afinidades pedagógicas y de contenidos, y unidas al mundo a través de Internet" (p. 146). Estas comunidades surgen en entornos tecnológicos pero son las personas y sus relaciones las que determinan su devenir y protagonizan el proceso. Por eso, el proyecto TRICLab (2013) aboga por evolucionar hacia el modelo TRIC:

> TRIC es un acrónimo de Tecnologías de la Relación, Información y Comunicación presentado como una revisión, superación y desmitificación del reduccionismo tecnológico del concepto TIC, en referencia a las Tecnologías de la Información y la Comunicación. El término TRIC surge en defensa de un entorno virtual que promueva la comunicación horizontal y la alfabetización mediática para configurar modelos educativos basados en la construcción colaborativa de la inteligencia colectiva y en la concepción del internauta no sólo como un receptor, sino también como un emisor, creador y co-autor.

Sin embargo, existen preocupaciones acerca del aprendizaje ubicuo que son fáciles de reconocer. No todo el mundo puede beneficiarse de su potencial debido a cuestiones de índole socioeconómica, educativa o tecnológica. La brecha digital, esta falta de equidad, es verdaderamente grave y debe tenerse en cuenta para encontrar soluciones creativas.

c. Los sMOOC, una oportunidad de educación para la salud basada en habilidades

De la unión entre la educación para la salud basada en habilidades y el aprendizaje ubicuo, nace nuestra propuesta de los sMOOC como una excelente oportunidad para la consecución de objetivos en salud. Los sMOOC o MOOC sociales son cursos online, abiertos y masivos que se concentran en conceptos como la equidad, la inclusión social, la accesibilidad, la calidad, la diversidad, la autonomía y la apertura (Osuna-Acedo y Gil-Quintana, 2017). Dichas características les convierten en un entorno adecuado para el aprendizaje y puesta en práctica de conocimientos, actitudes y habilidades que ayuden a los participantes a tomar buenas decisiones sobre salud. Esta idea es el motor que nos permitió la creación y desarrollo del sMOOC Running Saludable 2.0 dentro del proyecto europeo ECO, curso que se convierte en el hilo argumental a partir de este punto.

A la hora de diseñar este curso tuvimos en cuenta que, para ser efectivos, los programas de educación para la salud basada en habilidades deben cumplir una serie de requisitos (OMS, 2003):

- Contextualizar el proceso y aplicarlo a un tema en particular, en nuestro caso correr y el entrenamiento que conlleva.
- Fomentar el aprendizaje activo y participativo poniendo el foco en las personas, utilizar su experiencia, opiniones y conocimientos y diseñar para ello un ecosistema creativo. En Running Saludable 2.0, los foros del curso y el grupo de Facebook son espacios de co-creación e investigación cercanos e intuitivos.
- Ofrecer una fuente de comodidad y seguridad mutuas. Nuestros docentes tienen formación, experiencia y en algunos casos reconocido prestigio internacional por lo que son garantía de calidad y confianza.
- Aprender haciendo. Esto ocurre en nuestra comunidad de aprendizaje de tres formas: por un lado se ayuda a los participantes a crear su entorno personal de aprendizaje (Castañeda y Adell, 2013) acerca del running saludable, por otro se les invita a diseñar su propio plan de entrenamiento y finalmente deben analizar la propuesta de algún compañero.

En la misma línea, las estrategias de promoción de la salud y prevención deben tener un triple enfoque (Min. de Sanidad, 2013) que tomamos en consideración al planificar el curso:

- Enfoque poblacional: permitir a cada individuo que inicie un proceso de mejo-ra de la salud y avanzar en el mismo, independientemente de en qué nivel de riesgo o no riesgo se sitúe.
- Enfoque positivo: potenciar los fac-tores protectores y facilitadores del proceso de ganancia en salud.

- Enfoque integral: practicar ejercicio, en nuestro caso correr, resulta beneficioso para la salud a todos los niveles: físico, mental y social. La integralidad del abordaje se aprecia igualmente en la atención otorgada a factores que no solo determinan el rendimiento físico de las personas sino también su salud: las buenas prácticas de entrenamiento, nutrición y prevención de lesiones o la correcta periodización de los entrenamientos.

El sMOOC "Running saludable 2.0" tiene lugar dentro de los cursos ofrecidos por la plataforma del Proyecto Europeo ECO. Hoy día, sigue abierto sin tutorización. Cualquiera puede matricularse gratuitamente y acceder a los contenidos aunque los foros y la acreditación final no están disponibles. Hasta la fecha ha habido dos ediciones de 7 semanas de duración con 580 y 549 personas matriculadas respectivamente. Los participantes y docentes interactuaron mediante más de 1000 mensajes en los foros y grupos de la plataforma. Con el contenido de algunos hilos se crearon presentaciones por parte de los docentes, para demostrar a los estudiantes su capacidad para generar conocimiento. El debate se proyectó más allá de la plataforma del curso mediante las redes sociales digitales. Actualmente, la página de Facebook cuenta con más de 5000 seguidores y el grupo de Facebook cerca de 600. En ambos entornos los estudiantes participaron activamente, proponiendo sus preguntas, dialogando u ofreciendo información. El perfil de Twitter cuenta con más de 2000 seguidores. Ambas redes fueron y son un medio de expansión y permite dar visibilidad a la comunidad virtual de aprendizaje que se generó en la plataforma de ECO.

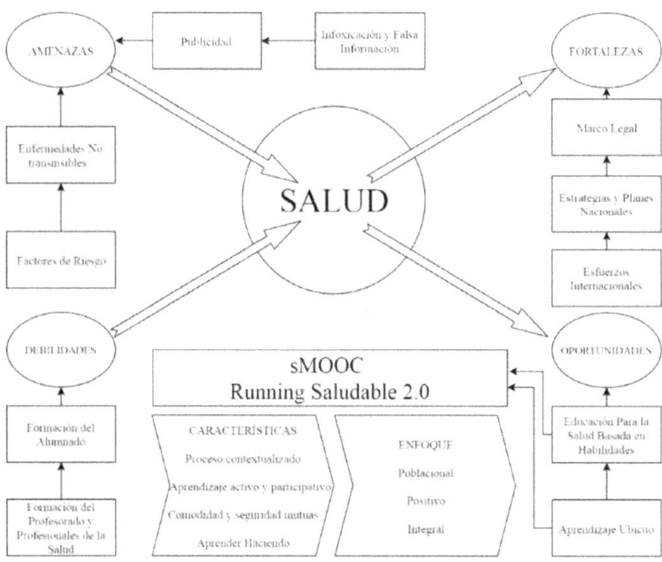

Resumen del ensayo

Conclusiones

La salud es un medio para conseguir nuestras metas y propósitos, no un fin en sí mismo. A pesar del importante valor que la población otorga a la salud, esto no se traduce en el mantenimiento mayoritario de estilos de vida saludables. Debemos mirar más allá y comprender que un entramado de determinantes sociales envuelve a los individuos y hace que tres cuartas partes de la humanidad no pueda elegir libremente factores fundamentales para la salud como una alimentación sana o unas condiciones de trabajo adecuadas (Benach, 2014). La educación, protegida por el marco legal y promovida por estrategias de gobiernos e instituciones, se eleva como un elemento capital para alcanzar la salud y vencer debilidades y amenazas que se ciernen en torno a ella.

Asumiendo la tremenda brecha digital que sigue provocando inequidad en el acceso y uso de las TRIC para transformar la realidad de los individuos, el modelo sMOOC se presenta como una oportunidad para construir programas de educación para la salud basada en habilidades. La idea se justifica por la capacidad de estos cursos para crear entornos accesibles, activos y participativos entre semejantes, ofrecer fuentes de información fiables e interactuar con ellas, lanzar los debates a la capa social y posibilitar que cualquiera pueda beneficiarse de su participación según sus necesidades, sin importar su ubicación.

El objetivo fundamental del curso Running Saludable 2.0 es crear una comunidad de aprendizaje en red en torno a la práctica del running de manera saludable, apoyada en las TRIC y la web social. De esta manera se lleva a cabo una intervención de educación para la salud y de alfabetización digital. Y creemos que lo hemos conseguido.

Referencias bibliográficas

Alcántara, G. (2008). La definición de salud de la Organización Mundial de la Salud y la interdisciplinariedad. *Sapiens: Revista Universitaria de Investigación*, 1, 93-107.

Álvarez, C. y Peiró, S. (2000). La salud pública ante los desafíos de un nuevo siglo informe SESPAS 2000. Cuarta edición. *Revista Española de Salud Pública*, 74(5-6), 00.

Asociación de Internautas (2012). *III Estudio sobre bulos y fraudes en Internet*. Madrid: Asociación de Internautas.

Asociación Española Contra el Cáncer (2016). *Situación de la educación para la salud en centros de primaria y secundaria*. Madrid: Asap Operational Research.

Benach, J. (2014). La salud de todos y sus causas. La salud pública, la equidad y sus causas: ¿de qué depende nuestra salud? En Prosalus y Cruz Roja Española (Eds.), *Comprendiendo el derecho humano a la salud* (pp. 19-29). Madrid: Prosalus y Cruz Roja Española.

Buldón, A. (2017). ¿Cómo influye la burbuja de filtros en tu salud? Recuperado de: https://fisioconectados.com/2017/08/05/como-influye-la-burbuja-de-filtros-en-tu-salud/ (11 de diciembre de 2017).

Burbules, N. (2012). El aprendizaje ubicuo y el futuro de la enseñanza. *Encounters/Encuentros/Rencontres on Education*, 13, 3-14.

Cabrera, Y. (2010). El cuerpo femenino en la publicidad. Modelos publicitarios: entre la belleza real, la esbeltez o la anorexia. *Revista ICONO14 Revista científica de Comunicación y Tecnologías emergentes*, 8 (3), 223-243.

Carrillo, M. V. (2005). *La influencia de la publicidad, entre otros factores sociales, en los trastornos de la conducta alimentaria: anorexia y bulimia nerviosas*. Memoria para optar al grado de doctor, Facultad de Ciencias de la Información, Universidad Complutense de Madrid, Madrid, España.

Castañeda, L. y Adell, J. (Eds.). (2013). *Entornos Personales de Aprendizaje: claves para el ecosistema educativo en red*. Alcoy: Marfil.

Comisión Europea (2017). *Standard Eurobarometer 87 – Spring 2017*. Recuperado de: http://ec.europa.eu/commfrontoffice/publicopinion/index.cfm/ResultDoc/download/DocumentKy/79565 (11 de diciembre de 2017). doi:10.2775/121813.

Constitución Española. (BOE núm. 311, de 29 de diciembre de 1978).

Cooper, A. M., O`Malley, L. A., Elison, S. N., Armstrong, R., Burnside, G., Adair, P., Dugdill, L. y Pine, C. (2013). Primary school-based behavioural interventions for preventing caries. *Cochrane Database of Systematic Reviews*, 5. doi: 10.1002/14651858.CD009378.pub2.

Cope, B y Kalantzis, M. (Eds.). (2009). *Ubiquitous Learning. Exploring the anywhere/anytime possibilities for learning in the age of digital media*. Champaign: University of Illinois Press.

Cornella, A. (2003). *Infoxicación: buscando un orden en la información*. Barcelona: Zero Factory S.L.

Espacio Fundación Telefónica Madrid. (20 de junio de 2017). *Eli Pariser: Fake news, los filtros burbuja y la batalla por la verdad (English) | #TechSociety*. [Archivo de vídeo]. Recuperado de *https://youtu.be/_f_-rdZ5RtY* (10 de diciembre de 2017).

España, Ley 14/1986, de 25 de abril, General de Sanidad. (BOE núm. 102, de 29 de abril de 1986).

España, Ley 16/2003, de 28 de mayo, de Cohesión y Calidad del Sistema Nacional de Salud. (BOE núm. 128, de 29 de mayo de 2003).

España, Ley 31/1995, de 8 de noviembre, de prevención de Riesgos Laborales. (BOE núm. 269, de 10 de noviembre de 1995).

España, Ley 33/2011, de 4 de octubre, General de Salud Pública. (BOE núm. 240, de 5 de octubre de 2011).

España, Ley 34/2002, de 11 de julio, de servicios de la sociedad de la información y de comercio electrónico. (BOE núm. 166, de 12 de julio de 2002).

España, Ley 39/2006, de 14 de diciembre, de Promoción de la autonomía personal y atención a las personas en situación de dependencia. (BOE núm. 299, de 15 de diciembre de 2006).

España, Ley Orgánica 8/2013, de 9 de diciembre, para la mejora de la calidad educativa. (BOE núm. 295, de 10 de diciembre de 2013).

España, Ministerio de Educación, Cultura y Deporte (2016). *Plan estratégico de salud escolar y estilos de vida saludable*. Recuperado de: http://educalab.es/documents/10180/620318/PlanSaludEscolar.pdf/cbbdde3f-6d66-461b-93af-d98e6eb0244a (10 de diciembre de 2017).

España, Ministerio de Sanidad, Servicios Sociales e Igualdad (2013). *Estrategia de promoción de la salud y prevención en el SNS*. Recuperado de: https://www.msssi.gob.es/profesionales/saludPublica/prevPromocion/docs/EstrategiaPromocionSaludyPrevencionSNS.pdf (10 de diciembre de 2017).

España, Ministerio de Sanidad, Servicios Sociales e Igualdad (2016). *Informe anual del Sistema Nacional de Salud*. Recuperado de: http://www.msssi.gob.es/estadEstudios/estadisticas/sisInfSanSNS/tablasEstadisticas/InfAnSNS.htm (9 de diciembre de 2017).

España, Ministerio de Sanidad y Consumo (1998). *Promoción de la Salud: Glosario*. Recuperado de: https://www.msssi.gob.es/profesionales/saludPublica/prevPromocion/docs/glosario.pdf (11 de diciembre de 2017).

Fernández, E., Alameda, D. y Martín, I. (2011). Las estrategias publicitarias de las marcas en el contexto de crisis. *AdComunica: revista científica de estrategias, tendencias e innovación en comunicación*, 1, 119-138.

Ferrés, J., Aguaded-Gómez, I. y García-Mantilla, A. (2012). La competencia mediática de la ciudadanía española: competencias y retos. *Revista ICONO14 Revista científica de Comunicación y Tecnologías emergentes*, 10 (3), 23-42.

Ferrés, J., García-Mantilla, A., Aguaded-Gómez, I., Fernández, J., Cavia, M., Blanes, M.,... Zarandona, E. (2011). *Competencia mediática: investigación sobre el grado de competencia de la ciudadanía en España*. Madrid: Secretaría General Técnica. Centro de Publicaciones. Ministerio de Educación.

García, F. A. (2006). Una visión actual de las comunidades de «e-learning». *Comunicar*, 27, 143-148.

Gaviria, V y Talavera, M. (2012). La construcción del concepto de salud. *Didáctica de las ciencias experimentales y sociales*, 26, 161-175.

Hastings, G., Stead, M., McDermott, L., Forsyth, A., MacKintosh, A. M., Rayner, M., Godfrey, G., Caraher, M., Angus, K. (2003). *Review of research on the effects of food promotion to children – final report. Report to the Food Standards Agency*. Glasgow: University of Strathclyde, Centre for Social Marketing.

Marta-Lazo, C., Gabelas, J. A. y Aranda, D. (2012). Por qué las TRIC y no las TIC. *Revista de los Estudios de Ciencias de la Información y de la Comunicación*, 9. Recuperado de: http://www.uoc.edu/divulgacio/comein/es/numero09/articles/Article-Dani-Aranda.html (12 de diciembre de 2017).

Martín, J., Romero-Martín, M. R. y Chivite, M. (2015). La educación física en el sistema educativo español. *Revista española de Educación Física y Deportes*, 411, 35-51.

Martini, M. (2010). El sitio web como lugar de construcción del imaginario de la cooperación internacional al desarrollo. En G. Abril (Ed.), *El cuarto bios. Estudios sobre comunicación e información* (pp 97-112). Madrid: Editorial Complutense.

Mas-Manchon, L., Rodríguez A., Montoya, N., Morales, L. F., Lopes, E., Añaños, E.,... Grau, A. (2015). Valores percibidos en la publicidad de alimentos por jóvenes con y sin trastornos de la conducta alimentaria. *Salud Colectiva*, 11 (3), 423-444.

McGinnis, J. M., Gootman, J. A., Kraak, I. V. (2006). *Food marketing to children and youth. Threat or opportunity?* Washington, D.C.: Institute of Medicine, National Academies Press.

McLuhan, M. y Powers, B. (1990). *La aldea global.* Barcelona: Gedisa.

Melero, J. M. (2013). Habilidades para la vida: una estrategia para promover la salud y el bienestar infantil y adolescente. *Global Education Magazine*, 3, 66-72.

Organización de las Naciones Unidas (1948). *La Declaración Universal de los Derechos Humanos.* Recuperado de: http://www.un.org/es/universal-declaration-human-rights/ (10 de diciembre de 2017).

Organización de las Naciones Unidas (1989). *Convención sobre los Derechos del Niño.* Recuperado de: http://www.ohchr.org/SP/ProfessionalInterest/Pages/CRC.aspx (10 de diciembre de 2017).

Organización Mundial de la Salud (1946). *Constitución de la Organización Mundial de la Salud.* Recuperado de: http://www.who.int/governance/eb/who_constitution_sp.pdf (9 de diciembre de 2017).

Organización Mundial de la Salud (2003). *Skills for health: skills-based health education including life skills: an important component of a child-friendly/health-promoting school.* Recuperado de: http://www.who.int/school_youth_health/media/en/sch_skills4health_03.pdf (11 de diciembre de 2017).

Organización Mundial de la Salud (2010a). *Prevalence of insufficient physical activity*. Recuperado de: http://www.who.int/gho/ncd/risk_factors/physical_activity_text/en/ (9 de diciembre de 2017).

Organización Mundial de la Salud (2010b). *Global recommendations on physical activity for health*. Recuperado de: http://apps.who.int/iris/bitstream/10665/44399/1/9789241599979_eng.pdf (9 de diciembre de 2017).

Organización Mundial de la Salud (2017a). *Enfermedades no transmisibles*. Recuperado de: http://www.who.int/mediacentre/factsheets/fs355/es/ (9 de diciembre de 2017).

Organización Mundial de la Salud (2017b). *The double burden of malnutrition: policy brief*. Recuperado de http://apps.who.int/iris/bitstream/10665/255413/1/WHO-NMH-NHD-17.3-eng.pdf (9 de diciembre de 2017).

Organización Mundial de la Salud (2017c). *An effective approach to early action on noncommunicable disease risk factors*. Recuperado de http://apps.who.int/iris/bitstream/10665/255625/1/WHO-NMH-PND-17.3-eng.pdf (9 de diciembre de 2017).

Osuna-Acedo, S. y Gil-Quintana, J. (2017). El proyecto europeo ECO. Rompiendo barreras en el acceso al conocimiento. *Educación XX1*, 20(2), 189-213.

Ponce, J. A., Pabón, M. y Lomas, M. (2017). Análisis de contenido de la publicidad de productos alimenticios dirigidos a la población infantil. *Gaceta Sanitaria*, 31 (3), 180-186.

Proyecto TRICLab (2013). *Histórico(s)*. Recuperado de http://educarencomunicacion.com/triclab/?services=historicos-2 (22 de diciembre de 2017).

Ramírez, A., Renés, P. y Aguaded, I. (2016). La competencia mediática en los criterios de evaluación del currículo de Educación Primaria. *Aula Abierta*, 44(2), 55-62.

Raya-González, P. (2017). La salud física y mental en el discurso publicitario de @campofrio_es. En R. M. Zapata, R. Dalouh, V. Caballero, y A. J. González (Eds.), *Educación, salud y TIC en contextos multiculturales: nuevos espacios de intervención* (pp. 796-807). Almería: Editorial Universidad de Almería.

Rheingold, H. (1993). *The virtual community: Finding Connection in a Computerized World*. Boston: Addison-Wesley Longman Publishing Co.

Ruano-Casado, L y Ballestar-Tarín, M. L. (2015). Incorporación de la promoción y educación para la salud en los planes de estudio de grado en Ciencias de la Salud de la Universitat de València. *FEM: Revista de la Fundación Educación Médica*, 18(2), 149-153.

Salleras, L. (1985). *Educación sanitaria: principios, métodos y aplicaciones*. Madrid: Ediciones Díaz de Santos.

Seppilli, A. y Modolo, M. A. (1981). *Educazione Sanitaria*. Roma: Il Pensiero Científico.

Sfez, L. (1994). *Crítica da comunicação*. São Paulo: Loyola.

Silva, M. (2005). *Educación interactiva. Enseñanza y aprendizaje presencial y on-line*. Barcelona: Gedisa.

UNESCO (2015). *Declaración de Incheon y Marco de Acción para la realización del Objetivo de Desarrollo Sostenible 4*. Recuperado de: http://unesdoc.unesco.org/images/0024/002456/245656s.pdf (10 de diciembre de 2017).

UNESCO (2016). *Proyecto de estrategia de la UNESCO sobre la educación para la salud y el bienestar*. Recuperado de: *http://unesdoc.unesco.org/images/0024/002464/246453s.pdf* (10 de diciembre de 2017).

CAPÍTULO V

COMPETENCIAS MEDIÁTICAS EN LA CONVERGENCIA DE MEDIOS COMUNICATIVOS. ESTUDIO DE CASO: CONOCIMIENTO, CALIDAD Y PERCEPCIÓN DE LA INFORMACIÓN SANITARIA RELACIONADA CON EL DENGUE EN BUCARAMANGA, COLOMBIA

Dra. Lucía Camarero Cano
Universidad Nacional de Educación a Distancia (UNED), España
Dra. Antonia Moreno Cano
Universidad Manuela Beltrán (UMB), Colombia
Mgtr. Lina Margarita Henao
Universidad Manuela Beltrán (UMB), Colombia

Resumen

La sociedad actual tiene múltiples canales de comunicación que convergen y mantienen informada a la sociedad en tiempo real. Para ello, es necesario que cada persona tenga unas competencias mediáticas que le permitan valorar con espíritu crítico el medio, la información recibida y su valor, así cómo su nivel de intervención en una sociedad cada vez más inmersa dentro de la cultura de la participación (Jenkins, 2008). El objetivo de esta investigación pretende averiguar a través de qué fuentes los ciudadanos prefieren informarse, qué grado de efectividad tienen y su nivel de participación en dicha transmisión del conocimiento. Para ello, se realizó previamente, durante los años 2012 y 2013, una encuesta en línea a 1.212 ciudadanos mayores de 17 años que nos diese información a nivel cuantitativo a gran escala y de una muestra amplia y, posteriormente, en el año 2018, para delimitar nuestro campo de interés, se realizarán grupos de discusión desde la metodología cualitativa a una muestra más selectiva. La investigación se centra en un estudio de caso: el grado de conocimiento que tienen los bumangueses (Colombia) sobre la enfermedad del dengue. Podemos destacar el impacto que tienen las acciones comunicativas en grupo con respecto a las individuales. El acceso a la información, el intercambio de recursos, la concienciación, la transmisión y la movilización, tienen un mayor impacto en el comportamiento social a nivel global, lo que a priori pone de relieve la inteligencia colectiva (Lévy, 1994).

Palabras claves: Convergencia mediática; cultura de la participación, medios de comunicación; competencias mediáticas; inteligencia colectiva, intercreatividad.

Introducción

El dengue, transmitido por el mosquito Aedes, es un reto para la salud pública en el mundo. Más de 2.500 millones de personas, es decir, más de dos quintas partes de la población mundial, viven en zonas en riesgo de dengue y más de 100 países han informado de la presencia de esta enfermedad en su territorio, entre los que se encuentra Colombia.

Un ciudadano sano requiere ser un ciudadano informado sobre las opciones de salud disponibles. Esto incluye desde sus estilos de vida hasta su constitución genética. El modelo de salud pública, que entiende la salud como una cuestión fundamentalmente de decisiones individuales, pone el acento en la existencia de información que permita una sociedad más sana. La información permite saber quiénes están expuestos y son proclives a ciertas enfermedades, qué conductas son recomendables y cuáles no son deseables. En este proceso, la comunicación, ya sea en el ámbito masivo (campañas de información), organizacional e interpersonal (interacción proveedores de servicios y paciente), es crucial (Del Valle, 2002, pp. 5-6).

Podemos afirmar que los mensajes mediáticos contribuyen a la creación y consolidación de identidades y roles en los grupos y las sociedades en general, en tanto presentan modelos de comportamiento en sus mensajes que son incorporados en algún grado por los públicos a los que se dirigen. En este sentido, no podría discutirse hoy el potencial de los medios en la conformación de una "cultura de la salud" (Silva Pintos, 2011, p. 126). Sin embargo, hay que entender que no debe tratarse como la única modalidad efectiva para las estrategias y acciones de la Comunicación en Salud.

Para conseguir que los medios de comunicación social puedan influir positivamente en el grado de salud de la población, se ha de trabajar desde un punto de vista totalmente integrador y holístico. Para ello presentamos este trabajo en el que definimos los gustos y formas de consumo de temáticas como es el caso del dengue, a partir de los medios de comunicación de masas, y discernir cómo la convergencia de medios comunicativos puede generar diálogo y discusión que fomente una cultura más participativa, de la que tanto la ciudadanía como la propia economía de países en desarrollo, como Colombia, puedan beneficiarse.

Igualmente, se presenta y refuerza la idea de que la convergencia de medios y la cultura de la participación ponen en auge y desarrollan el intelecto colectivo. Este, en cualquier campo, pero especialmente en la temática que nos ocupa sobre el dengue, va a propiciar una ciudadanía empoderada y activa no solo en la adquisición de la información que necesitan, sino también en la creación de contenidos y distribución de la misma para beneficiar y concienciar a todas las personas en la importancia que tiene esta enfermedad y su prevención.

Para ello es necesario que las personas adquieran una serie de competencias, especialmente hacemos hincapié en las competencias mediáticas ya que estamos analizando la información a través de los medios de comunicación. La sociedad es responsable de que cada ciudadano adquiera y desarrolle dichas competencias, asimismo, cada individuo debe de hacer un esfuerzo y poner de su parte para adquirirlas e interiorizarlas.

El hecho de que la ciudadanía se implique de manera activa y tome las riendas a la hora de buscar, generar y distribuir contenidos, la convierte en protagonista y hace que se implique con mayor frecuencia y de manera más eficaz.

La información sanitaria como factor de prevención

La ciencia que se muestra en los medios de comunicación tiene una cierta distorsión que se produce de manera inconsciente y automática, y que da como resultado una imagen excesivamente personalizada, simplista y con toques de espectacularidad de lo que significa la ciencia en nuestras sociedades (Ribas, 2002, p. 522). La salud, como especialidad científica, es si cabe, una temática que produce más repercusión y susceptibilidades en las personas porque a todos nos toca de cerca.

Para la adopción de comportamientos saludables, hay que tener en cuenta que las personas necesitan tener la información sobre qué hacer y cómo hacerlo. La información científica y sanitaria hace falta para fomentar la aparición de nuevas creencias que la incluyan, así como para mezclarse con las tradiciones culturales de los grupos humanos (Guibert, Grau y Prendes, 1999, pp. 176-177). Las actitudes, comportamientos y valores, trasmitidos a través de la televisión, radio, prensa escrita, etc. y reafirmados por los agentes sanitarios influyen en el valor que la salud tiene para los individuos, en los comportamientos saludables que éstos exhiben, en el incremento de su motivación hacia el autocuidado y en su autorresponsabilidad con respecto a la salud.

La salud, entendida como fenómeno social, es una realidad presente en la vida cotidiana de los sujetos o, dicho de otra manera, es una práctica social atravesada por procesos comunicacionales. Al afrontar problemáticas de salud es necesario tener en cuenta que toda acción en ese campo se ejerce sobre sujetos y grupos sociales que, además de dar significado a sus propios problemas y situaciones, aportan sobre todo significados subjetivos y sociales (Díaz y Uranga, 2012, p. 118). La cuestión de la salud es, desde este punto de vista y ante todo, una cuestión subjetiva y comunitaria, que requiere un análisis transversal nunca reducible exclusivamente a los mensajes mediáticos. Por este motivo, en el presente trabajo pretendemos ir más allá y abordar la apropiación desde la comunicación, conocimiento, interés y prevención, que tiene una determinada comunidad sobre una problemática sanitaria: el dengue.

La comunicación social en salud debe estar dirigida a la prevención y no a la curación. La comunicación preventiva busca corregir los comportamientos insalubres y propiciar aquellos que ayudan a conservar la salud y una buena calidad de vida. La Organización Mundial de la Salud (OMS) propone dirigir la comunicación social sobre el dengue en dos direcciones (San Martín y Prado, 2004, pp. 136-137). La primera consiste en sustituir la información por la práctica y, la segunda, en lograr que la comunidad se apropie de las medidas de prevención y control. De esta manera, las estrategias centrales de comunicación social sobre el dengue quedarían conformadas por la inducción del cambio de conductas individuales y por la participación comunitaria.

Entre los transmisores de salud, que fomentan la prevención de enfermedades, están los profesionales de los medios de comunicación, que pueden convertirse en agentes favorecedores de cambios en las actitudes y conductas de la población al ser un vehículo de transmisión de información a una gran audiencia a través de las noticias y reportajes aparecidos en prensa, radio y TV. Se debe, por tanto, diseñar una política informativa que facilite un clima social favorable.

La percepción de los periodistas y comunicadores sobre los temas que se han de tratar es un reflejo de los mensajes emitidos a la población. De un conocimiento abierto, claro, depende la creencia o la confianza que crea la sociedad en los sistemas de salud de los países. La influencia de los comunicadores de los diferentes medios de comunicación es sumamente importante en la formación de ideas de la sociedad. Son una pieza fundamental para el desarrollo y la creación de actitudes sociales adecuadas para la prevención del dengue.

Diversos estudios como los de March y Prieto (2001, p. 77) afirman que los medios de comunicación pueden influir en el cambio de las conductas en salud, en la utilización de servicios, en las prácticas de los profesionales y en las políticas de salud.

Se debe concebir a la comunicación como un componente más en los servicios y programas de salud, que desempeña una función esencial en la prevención de la enfermedad y la promoción de la salud, junto a la imagen que se tiene de los servicios sanitarios y en concreto del dengue.

La convergencia de medios comunicativos y la cultura participativa

Antes de la llegada de Internet y de la Web 2.0 los medios de comunicación funcionaban de manera aislada y autónoma los unos con respecto a los otros. En la actualidad, podemos acceder a distintos canales de comunicación desde un mismo aparato gracias a la convergencia mediática. Eco (1986; citado en Jenkins, 2008) explica:

> Un proceso llamado «convergencia de medios» está difuminando las líneas entre los medias, incluso entre las comunicaciones entre dos puntos, como el correo. El teléfono y el telégrafo, y las comunicaciones de masas, como la prensa, la radio y la televisión. Un solo media físico (ya se trate de cables o de ondas) puede transmitir servicios que en el pasado se proveían por caminos separados. Inversamente, un servicio provisto en el pasado por un media determinado (ya sea la radio, la televisión, la prensa o la telefonía) hoy puede ofrecerse por varios medias físicos diferentes. Por consiguiente, se está erosionando la relación de uno a uno que solía existir entre un media y su uso. (p. 21)

Por lo tanto, definimos convergencia como dos o más unidades que confluyen entre sí. En el caso concreto de la convergencia de medios de comunicación, se refiere al hecho de que estos se interconectan e interrelacionan mezclándose los unos a los otros. Por consiguiente, surgen tecnologías con distinto formato como por ejemplo, la videografía, la multimedia, la textual, la fotográfica y la audiovisual.

Por su parte, Jenkins (2008), define la convergencia de medios como "el flujo de contenidos a través de múltiples plataformas mediáticas, la cooperación entre múltiples industrias mediáticas y el comportamiento migratorio de las audiencias mediáticas" (p. 14). Asimismo, este autor sostiene que "la convergencia se produce en el cerebro de los consumidores individuales y mediante sus interacciones sociales con otros" (p. 15), lo que pone en relieve la importancia que tienen las relaciones sociales y la cultura de la participación.

Cuando se habla de convergencia de medios es importante tener presente las cuatro dimensiones que clasifica Salaverría (2003):

- La dimensión empresarial: comprende el estudio de las dinámicas de multiplicación de medios dentro de un grupo de comunicación, así como la coordinación económica y editorial de dichos medios.
- La dimensión tecnológica: corresponde a la revolución industrial de los últimos años en los procesos de composición, producción y difusión.

- La dimensión profesional: los nuevos entornos profesionales han provocado que el trabajo sea más exigente, así como conocer nuevas técnicas de investigación y códigos tanto textuales como audiovisuales para producir contenido multimedia.
- La dimensión comunicativa: hasta la llegada de Internet, no existía ninguna plataforma que permitiera difundir mensajes informativos en los que se combinaran códigos textuales y audiovisuales, con los que el usuario pudiera interactuar.

Estas cuatro dimensiones hay que tenerlas presentes tanto a la hora de estudiar la convergencia en medios de comunicación como a la hora de ser consumidores de los mismos.

Uno de los grandes cambios que ha traído la convergencia mediática es la posibilidad de que todas las personas seamos "webactores" (Pisani y Piotet, 2009). Los ciudadanos dejan de ser únicamente receptores pasivos para convertirse en participantes activos creadores de contenido, es decir, los webactores dan forma con el contenido que generan y su capacidad para organizarlo (Pisani y Piotet, 2009). Por lo tanto, la convergencia representa un cambio cultural, toda vez que se anima a los consumidores a buscar nueva información y establecer conexiones entre contenidos mediáticos dispersos (Jenkins, 2008, p. 15).

La interacción social es de gran importancia dentro de la convergencia mediática. Por un lado, todas las personas tienen la posibilidad de participar de manera activa y, por otro lado, esta participación se realiza de manera colectiva entre todos los agentes implicados en el proceso. De ahí surge la cultura participativa. Ambos conceptos –convergencia mediátia y cultura participativa– están estrechamente relacionados entre sí y no se contempla el uno sin el otro.

El auge de las tecnologías móviles han facilitado que la convergencia mediática y la cultura participativa sean aún más factibles. Esto es debido a la característica de ubicuidad, es decir, a la posibilidad de comunicarnos en cualquier lugar, en cualquier momento y a través de cualquier dispositivo.

Jenkins (2009) define la cultura de la participación con las siguientes características:

- Barreras relativamente bajas a la expresión artística y al compromiso cívico.
- Un fuerte apoyo para crear y compartir creaciones con otros.
- Algún tipo de mentoría informal por la cual, lo que se sabe de los que más experiencia tienen se transmite a los novatos.
- Miembros que crean que sus contribuciones son importantes.

- Miembros que sienten algún grado de conexión social entre sí (al menos, que les importa lo que otros piensen sobre lo que han creado).

Según Cobo (2007), la cultura de la participación ofrece nuevas herramientas de empoderamiento y de democratización en cuanto al intercambio del conocimiento. Por consiguiente, todas las personas involucradas fomentan el saber colectivo. Lévy (2004) explica sobre la inteligencia colectiva que:

> Es una inteligencia repartida en todas partes, valorizada constantemente, coordinada en tiempo real, que conduce a una movilización efectiva de las competencias. [...] el fundamento y el objetivo de la inteligencia colectiva es el reconocimiento y el enriquecimiento mutuo de las personas, y no el culto de comunidades fetichizadas o hipóstasiadas. (p. 19)

Por su parte, Camarero-Cano, et al., (2016) afirman que:

> Las tecnologías digitales van a favorecer esta nueva cultura de la participación y del intelecto colectivo, no obstante, el papel protagonista recae en las personas que hacen uso de ellas y se adaptan a esta realidad social característica del sigo XXI y a sus necesidades actuales. (p. 227)

Estos autores enfatizan el empoderamiento ciudadano y el papel protagonista de las personas en la nueva realidad social y mediática. Para ello, es necesario que adquieran ciertas competencias que les permita desenvolverse adecuadamente y de manera eficaz.

El empoderamiento ciudadano y la adquisición de competencias mediáticas

Las características de la sociedad actual requiere del empoderamiento de las personas, esto es, que estas tomen el control y sean críticos con los medios y sus usos. Camarero-Cano, et al., (2016) sostienen que:

> Educar para la libertad y la resistencia a través del empoderamiento de la ciudadanía es un deber con alto nivel de compromiso que deben asumir los profesionales que se dedican a la educación y que apuestan no solo por un cambio educativo, sino también por un cambio social (p. 236).

Para ello, es necesario que la ciudadanía adquiera una serie de competencias mediáticas. Ferrés y Piscitelli (2012) definen dicha competencia en medios como:

> La capacidad de un individuo para interpretar y analizar, desde la reflexión crítica las imágenes y los mensajes audiovisuales y para expresarse con una mínima corrección en el ámbito comunicativo. Esta competencia está relacionada con los medios de comunicación y con el uso básico de las tecnologías multimedia necesarias para producirla. (p. 79)

Asimismo, estos autores clasifican seis dimensiones imprescindibles para llevar a cabo una competencia mediática:

1. Lenguajes.
2. Tecnología.
3. Procesos de interacción.
4. Procesos de producción y difusión.
5. Ideología y valores.
6. Estética.

Cuando hablamos de competencias mediáticas es necesario remarcar, también, el carácter más allá de lo técnico-instrumental y hacer énfasis en el valor emocional. Por ello, debemos hablar del término "Tecnologías de la Información, Comunicación y Relación" (TRIC) acuñado por Gabelas, Marta-Lazo y Aranda en el año 2012, como evolución del concepto "Tecnologías de la Información y Comunicación" (TIC).

El concepto TRIC apuesta por humanizar la tecnologías y para ello incluye el Factor Relacional y la intermetodología. Marta-Lazo y Gabelas (2013) sostienen que la intermetodologías es "la convergencia entre diferentes opciones metodológicas, con el uso de diferentes técnicas activas que permitan el desarrollo participativo de adquisición de competencias de todo tipo, no sólo cognitivas" (párr. 4). Por su parte, el Factor Relacional es el que se encarga de transmitir e intercambiar dichos métodos a través de las relaciones entre todos los agentes que participan en el proceso comunicativo.

Las TRIC ofrecen oportunidades para adquirir y desarrollar "habilidades para la vida" (Marta-Lazo y Gabelas, 2016), que como estos autores explican, se basan en prácticas culturales y digitales dentro de espacios de juego, recreación, conversación, interacción social y construcción.

En definitiva, la ciudadanía debe adquirir una serie de competencias mediáticas necesarias en la sociedad actual, gracias al empoderamiento y a mantener una actitud activa y de construcción de conocimiento.

Datos y reflexiones previas sobre conocimiento, calidad y percepción del dengue

En esta primera parte de la investigación realizamos una encuesta en la ciudad de Bucaramanga con carácter descriptivo/correlacional, puesto que nuestro interés es el de reflejar o documentar las condiciones o actitudes presentes (Wimmer y Dominick, 1996, p. 113) de los habitantes –en función de sus condiciones socioeconómicas, de edad, educativas y de género-, relacionadas con el consumo de información sobre ciencia y salud, pero en particular sobre el conocimiento, fuentes de acceso a la información (medios) y hábitos de prevención hacia el dengue.

Bucaramanga es una ciudad colombiana capital del departamento de Santander, situada en el nordeste del país sobre la Cordillera Oriental, rama de la cordillera de los Andes, a orillas del río de Oro. Floridablanca, Girón y Piedecuesta conforman su área metropolitana que junto con el municipio de Bucaramanga superan el millón de habitantes.

A la hora de calcular la muestra (Suárez y Tapia, 2011) consideramos el tamaño de la población estimada por el Departamento Administrativo Nacional de Estadística (2011), para el año 2012 en la ciudad de Bucaramanga, 519.385 individuos, para una respuesta de prevalencia de 50% y un intervalo de confianza del 99%, se necesitaban 1.038 participantes. Además, añadimos un margen superior al 15% para evitar posibles pérdidas de información con el que obtuvimos una muestra final de 1.212 encuestados.

Los datos que obtuvimos como resultado de la encuesta llevada a cabo, muestran que los temas relacionados con la medicina y la salud (77%) son los que más interesan a los bumangueses en los medios de comunicación que consumen. En un segundo lugar y 10 puntos por debajo, se encuentran las temáticas relacionadas con el trabajo y el empleo (67%), seguidos de la educación, ciencia y tecnología y viajes y turismo con un 65%.

Las razones o motivos por los que los señalan a las noticias sobre ciencia, salud y medio ambiente como que "les parecen interesantes" (68%), supone la respuesta que presenta más frecuencia de entre todas las planteadas. En segundo lugar, se ubica la categoría de "importante para estar informado" (55%). Las razones de más peso por las que no se sienten motivados para seguir estas temáticas son "no despierta mi interés" (25%) y "no hay razón específica" (22%). No hay porcentajes significativos en otras respuestas.

Estos resultados parten del hecho de que el 95% de los encuestados dijo tener conocimiento sobre el dengue y un 5% señala no saber nada sobre esta enfermedad.

Podemos afirmar que todos los estratos socioeconómicos tienen un elevado nivel de conocimientos sobre el dengue, pero destaca el hecho de que el 100% del estrato 1, el de menores ingresos, sabe de la enfermedad. Mientras que el de los encuestados del estrato 6, el de más ingresos, conoce esta patología en menor medida con un 92%.

Las mujeres de todas las edades, excepto en las del rango entre los 51-65 años (95% para ellas y 96% para ellos), superan a los hombres en conocimiento sobre el dengue. La diferencia más significativa se encuentra en el rango entre los 36 y 50 años: en el sexo femenino es del 98%, mientras que en los del sexo masculino es del 91%.

Televisión (80%) e Internet (79%) son los medios más consultados por los encuestados para informarse sobre el dengue. De la radio (71%) también reciben información sobre la enfermedad, aunque hay que advertir que de los "funcionarios de la Secretaría de Salud" (61%) y de los "médicos que los han atendido en instituciones de salud" (16%) se les ha suministrado información sobre el tema en un porcentajes altos, si se suman las dos categorías (77%).

El estrato 1 es el que más consume televisión (83%) para informarse sobre el dengue; el estrato 6 lo hace en radio (65%) y prensa/periódicos (75%); los estratos 4 y 5, ambos con el 80%, en Internet; el estrato 6 es el que más se entera de la enfermedad a través de amigos, familiares y vecinos (65%) y de médicos que los han atendido en instituciones de salud (24%); el estrato 5 es el que más se informa por medio de funcionarios de la Secretaría de Salud (64%).

Una amplia mayoría de los encuestados señala a la "picadura de un mosquito" (71%) como el transmisor de la enfermedad y un 16% lo asocia a todas las formas de transmisión categorizadas en la encuesta, esto es, virosis, agua contaminada, por no lavarse las manos antes de comer, de persona a persona cuando el enfermo tose y por la picadura de un mosquito.

Los resultados indican que todas las personas tienen un amplio conocimiento de las medidas que se deben tomar para prevenir el dengue. Sin embargo, las medidas que más conocen los encuestados son "fumigación" (65%), "uso de toldillo para todos los que viven en la casa" (61%) y para los pacientes que tienen dengue (58%). Las que menos se conocen son "recolección de inservibles" (42%), "uso de mascarillas" (35%) y "uso de toldillos para los pacientes que tienen dengue" (31%). Finalmente, las medidas que más conocen y practican son "consulta oportuna en caso de presentarse los síntomas", "lavarse las manos" (36%) y "limpieza en general" (32%).

Discusión y conclusiones

Para lograr cambios en el comportamiento de la población, se debe partir del conocimiento previo del problema de salud, del dengue en este caso, identificar los comportamiento actuales de la población afectada, desarrollar actividades dirigidas a eliminar o reducir las barreras entre el comportamiento actual y el saludable y, por último, crear entornos favorables para la adopción de comportamientos deseados y factibles.

Las estrategias que se han probado efectivas para apuntalar diversos programas de salud en muchos países, pasan por la inducción de modificaciones en las conductas individuales, con lo cual se busca persuadir sin manipular a las personas y ayudarlas a que adopten conocimientos, actitudes y prácticas propicios a su salud (Beltrán, 2001).

Los bumangueses saben que la transmisión del dengue se produce a través del mosquito (79%) y reconocen los síntomas más frecuentes: fiebre (92%); dolor de cabeza (80%); dolor de huesos o músculos (79%). Obtienen mayoritariamente información sobre esta patología a través de la televisión

(80%) e Internet (79%). Pero para controlar la enfermedad se hace necesaria la participación activa de la comunidad, el fortalecimiento de las leyes sanitarias nacionales, la promoción de campañas de divulgación, la formación de personal y la vigilancia y control de la lucha antivectorial.

Estos son los datos más relevantes que a priori mostraron los resultados de la encuesta, sobre los que profundizaremos en una segunda etapa del mismo estudio, de corte cualitativo, que se llevará a cabo a través de grupos de discusión. En ellos, pretendemos ahondar sobre cómo es la apropiación que hacen de estas temáticas a través de los medios de comunicación y verificar si podrían ir más allá y utilizar diferentes plataformas digitales para ampliar sus conocimientos sobre el dengue y mantener un *feedback* tanto con entornos remotos como cercanos, que fomenten el diálogo y el debate.

Nos interesa focalizar el estudio en cómo afecta la nueva realidad digital, en concreto la convergencia de medios y la cultura participativa, en los ciudadanos a la hora de utilizar los medios de comunicación como canales de recepción, apropiación y distribución de información.

Las nuevas propiedades que tienen los medios de comunicación a raíz del desarrollo de la Web 2.0 han dotado de empoderamiento a la ciudadanía. Esto conlleva que los individuos dejen de ser ciudadanos pasivos y se conviertan en sujetos activos creadores, distribuidores y responsables de contenido. Hay que tener en cuenta que en la actualidad todos los ciudadanos pueden elaborar un blog o página web personal, así cómo participar en wikis y plataformas colaborativas. Igualmente, las redes sociales digitales están presentes en el día a día de las personas y es muy común que estas se usen como canales de recepción, creación y distribución de información. Alfalahi et al., (2013) sostienen que en el espacio digital "los miembros suministran información todos los días, dando lugar a un flujo continuo de datos (p. 1116).

Hay que tener presente que "los viejos medios no están siendo desplazados. Antes bien, sus funciones y estatus varían con la introducción de las nuevas tecnologías" (Jenkins, 2008, p. 25). Los medios no mueren, lo que evoluciona son las herramientas que utilizamos para acceder al contenido de los medios.

De este modo, los criterios para la evolución de la convergencia de medios son similares a los de la evolución de la Web 2.0. En palabras de O`Reilly (2009):

- La evolución de la Web 2.0 favorece la convergencia de medios.
- La gestión de la información en Internet se realiza en bases de datos que facilitan la ubicuidad de las tecnologías y, por tanto, la convergencia mediática y el acceso a la información desde cualquier sitio, en cualquier momento y desde cualquier soporte.
- La Web 2.0 y el fenómeno de la convergencia de medios favorecen:

- La descarga automática *online* de todo el software.
- La búsqueda de la simplicidad como criterio fundamental.
- La tendencia al uso de programas y aplicaciones válidas para muchos dispositivos diferentes.
- La facilidad para la construcción de la inteligencia colectiva ubicua.

A esto hay que sumar cómo la convergencia mediática y la cultura participativa son esenciales para el desarrollo de la intercreatividad que ayudará a formar un intelecto colectivo. Todo ello, lo analizaremos en la segunda parte de esta investigación para poder recabar datos que nos ayuden a crear un espectro más amplio de esta realidad social.

Referencias bibliográficas

Alfalahi, K. E. (2013). Community Detection in Social Networks through Similitary Virtual Networks. *IEEE/ACM International Conference on Advances in Social Networks Analysis and Mining* (pp. 1116-1123). New York: ACM.

Camarero-Cano, L., Cantillo-Valero, C., Gil-Quintana, J. y Osuna-Acedo, S. (2016). Empoderamiento ciudadano desde la intercreatividad del modelo sMOOC. En Caldevilla, D. (Ed.), *Trabajos docentes para una Universidad de Calidad* (pp. 223-238). Madrid: McGraw-Hill Education. Recuperado de https://repositorio.comillas.edu/xmlui/bitstream/handle/11531/21831/Libro%20CUI-CIID%2032.pdf?sequence=-1yisAllowed=y

Cobo, C. (2007). Intercreatividad y Web 2.0. La construcción de un cerebro digital planetario. En C. Cobo Romaní, y H. Pardo Kuklinski, *Planeta Web 2.0. Inteligencia colectiva o medios fast food*. Barcelona/México DF.: Group de Recerca d'Interaccions Digitals, Universidad de Vic. Flacso México. Recuperado de http://www.planetaweb2.net/capitulos.html

Del Valle, C. (2002). Comunicar la salud: entre la equidad y la diferencia. Ediciones Universidad de la Frontera.

Díaz, H., y Uranga, W. (2012). Comunicación para la salud en clave cultural y comunitaria. *Revista de Comunicación y Salud, 1*(1), 113-124.

Ferrés, J. y Piscitelli, A. (2012). La comptencia mediática: propuesta articulada de dimensiones e indicadores. *Revista Comunicar*, n° 38, v. XIX, pp. 75-82. Recuperado de https://www.revistacomunicar.com/index.php?contenido=detallesynumero=38yarticulo=38-2012-10

Gabelas, J., Marta-Lazo, C., y Aranda, D. (2012). Por qué las TRIC y no las TIC. COMeIN. *Revista de los Estudios de Ciencias de la Información y de la Comunicación*. Recuperado de: http://www.uoc.edu/divulgacio/comein/es/numero009/articles/Article-Dani-Aranda.html

Guibert, W., Grau, J., y Prendes, M. D. L. C. (1999). ¿Cómo hacer más efectiva la educación en salud en la atención primaria? *Revista Cubana de Medicina General Integral, 15*(2), 176-183.

Jenkins, H. (2008). Convergence culture: La cultura de la convergencia de los medios de comunicación. Barcelona: Paidós Ibérica.

Jenkins, H. (2009). *Confronting the Challenges of Participatory Culture*. Cambridge (MA): Massachusetts Institute of Technology (MIT).

Lévy, P. (2004). *Inteligencia Colectiva. Por una antropología del ciberespacio*. Whashintong, DC.: Organización Panamericana de la Salud.

March, J. C., y Prieto, M. A. (2001). Medios de comunicación y trasplantes. *Nefrologia, 21*(Suplemento 4).

Marta-Lazo, C. y Gabelas , J.A. (2013): Investigación sobre el grado en competencias mediáticas de los ciudadanos aragoneses, *Revista Ámbitos*, n 22, primer semestre. Recuperado de https://dialnet.unirioja.es/servlet/articulo?codigo=4482525

Marta-Lazo, C. y Gabelas, J. (2016). *Comunicación digital. Un modelo basado en el factor relacional*. Barcelona: Editorial UOC.

O'Reilly, T. & Milstein, S. (2009). The Twitter Book. O'Reilly Media, Inc.

Pisani, F. y Piotet, D. (2009). *La Alquimia de las Multitudes. Cómo la Web está Cambiando el Mundo*. Barcelona: Ediciones Paidós Ibérica S.A.

Mendley, D. M. (2005). The Research Context and the Goals of Teacher Education. En M. Mohan y R. E. Hull (Eds.), *Teaching Effectiveness* (pp. 42-76). New Jersey: Educational Technology Publications.

Ribas, C. (2002). El Periodismo científico y su relación con el proceso de producción de las noticias en los medios de comunicación de masas. *Mediatika: cuadernos de medios de comunicación*, (8), 499-522.

Salavarría, R. (2003). Convergencia de medios. *Revista Latinoamericana de Comunicación CHASQUI*, marzo, 081, pp. 32-39. Centro Internacional de Estudios Superiores de Comunicación para América Latina. Quito: Ecuador. Recuperado de: http://www.redalyc.org/pdf/160/16008105.pdf

San Martín, J. L., y Prado, M. (2004). Percepción del riesgo y estrategias de comunicación social sobre el dengue en las Américas. *Rev Panam Salud Pública, 15*(2), 135-9.

Silva Pintos, Virginia (2001). *Comunicación en salud*. Inmediaciones de la comunicación. Escuela de Comunicación de la Universidad ORT Uruguay, *3(3), 119-136*. Recuperado de https://www.ort.edu.uy/fcd/pdf/revista-inmediaciones-de-la-comunicacion-3.pdf

EL MODELO DE EDUCACIÓN SEXUAL TRANSMITIDO POR LAS APLICACIONES PARA LIGAR EN 2017

Emilio Gómez Canseco.
UNED. España.

Resumen

Históricamente existen modelos de educación sexual donde diferentes entidades (religión, medicina, sexología, etcétera) con poder de influencia social orientan cómo deben ser vividas las sexualidades. La ubicuidad de las aplicaciones representa un cambio en el entendimiento de las sexualidades, en cambio no existe un modelo que recoja los cambios producidos en las sexualidades tras la implementación de la tecnología en las sociedades.

El modelo que presentamos nace como fruto de la investigación "La educación sexual en los teléfonos móviles. Un estudio cualitativo sobre las aplicaciones para ligar". Dicha investigación articula tres técnicas con el objetivo de comprender la realidad de la construcción que las aplicaciones para ligar hacen de las sexualidades y como afecta a sus usuarios. Los resultados de las tres técnicas evidencian el panorama de las aplicaciones para ligar; la aceptación y la resistencia de sus usuarios a la imposición simbólica; y como esto afecta sobre la construcción de las sexualidades de sus utilizadores.

Este modelo se presenta como un conocimiento base sobre el que ir construyendo mediante la cocreación dialógica con otros profesionales y estudiosos en la materia. El conocimiento en profundidad de la educación sexual transmitida en las aplicaciones para ligar se plantea como la única vía para redirigir desde la sexología los valores educomunicativos de estas aplicaciones.

Palabras claves

Modelo educación sexual, aplicaciones para ligar, telefonía móvil, Tinder, Grindr.

Introducción

Construcciones culturales de las sexualidades.

Las sexualidades en las comunidades y sociedades humanas no se construyen de manera inocente, sino que aspectos sociales, culturales y económicos (relacionados directamente con el sistema de producción) organizan y estructuran los grupos sociales, en función de los recursos económicos y humanos de cada territorio. Las sexualidades no siempre son vividas de forma consciente, este desconocimiento asociado a la longevidad de la reproducción cultural invisibiliza las mentiras convertidas en verdades por el proceso de culturalización.

La normativa de las sociedades occidentales crea las significaciones de las sexualidades en base a claves dicotómicas, de normalidad y anormalidad, donde la normalidad es aceptada e integrada y la anormalidad es excluida y castigada. Este confluir de premios-castigos sobre cómo se puede vivir la sexualidad y cómo no, promueve una homogeneización de las sexualidades, donde las etiquetas se convierten en identidades.

Centramos la identidad sexual de los humanos en una construcción a partir de: el sexo, la identidad de género, la expresión de género y la orientación sexual.

Las construcciones subjetivas de las sexualidades, las cadenas simbólicas, las lecturas del sexo, la identidad de género, el rol de género, la orientación sexual y las prácticas sexuales están en función de las estructuras políticas y económicas, organizadas en acuerdos y contratos interpersonales. En las sociedades occidentales la estructura generalizada es un patriarcado, organizado en familias nucleares monogámicas.

Fuss (1999) en su teoría dentro/fuera analiza los mecanismos de significación y producción de sentidos que construyen las identidades de los individuos. Esta autora afirma que según el psicoanálisis lacaniano las identidades se construyen en referencia a un exterior, así afirma:

> Dentro/fuera funciona como una figura para la significación y los mecanismos de producción de sentido (...) que producen a la vez un yo y un otro, un sujeto y un objeto, un inconsciente y un consciente, una interioridad y una exterioridad (...). Pero la representación dentro/fuera, que engloba la estructura del lenguaje, la represión y la subjetividad, designa también la estructura de la exclusión, la opresión y el repudio. (p.114)

Existen cambios en la vinculación interpersonal en función del acto sexual: la pareja abierta, el swing, el poliamor, la anarquía relacional y la agamia son algunos ejemplos de ello. La libertad de los individuos debe ser protegida desde la sexología. Las entidades a día de hoy consagradas por las libertades de los mercados no se mueven en función de los intereses de los individuos, sino que lo hacen por intereses económicos.

La sexualidad funciona como base de organización en las sociedades occidentales.

En la cultura occidental la familia nuclear, patriarcal, heteronormativa y reproductiva, es presentada culturalmente como un modelo hegemónico. Para establecerse de forma hegemónica crea subjetividades que confunden lo natural con lo cultural, lo innato con lo aprendido, lo objetivo con lo subjetivo y la verdad con la mentira.

Los modelos de educación sexual.

Conocer los modelos de educación sexual permite identificar las principales temáticas desde las que se han orientado las sexualidades en la cultura occidental.

Recogemos la categorización de modelos de educación sexual definida por López y la complementamos con otros modelos definidos por otros autores.

I. Los Modelos de Educación Sexual de Félix López en 2001.

Según López (s.f.), la educación sexual ha sido trabajada desde cuatro perspectivas que se corresponden con los modelos de educación sexual: el modelo de riesgo, el modelo religioso y moral, el modelo de prescripción de actividad sexual y el modelo biográfico-profesional.

Modelo de riesgo. Este modelo aparece después de la I Guerra Mundial y tiene como finalidad prevenir el contagio de infecciones. Este modelo se reactiva tras la epidemia de SIDA de los años 80. Es impartido desde el ámbito clínico-médico y plantea evitar los riesgos de los actos sexuales.

Los problemas que trata son los embarazos no deseados, embarazos de hijos con deficiencia, dificultades de procreación y las enfermedades de trasmisión sexual (López, s.f.). Desde este modelo no se considera la satisfacción sexual de los individuos.

Modelo religioso y moral. Impuesto durante la dictadura de un estado confesional, actualmente es considerado un modelo opcional. Este modelo procedente de los grupos eclesiásticos entiende la sexualidad como un acto a realizar dentro del matrimonio heterosexual con finalidad reproductiva. Fuera del matrimonio heterosexual la abstinencia es la forma correcta de entender la sexualidad, es decir, "castidad antes y fuera del matrimonio y fidelidad matrimonial después de casados" (López, s.f., p.74).

Modelo de prescripción de actividad sexual. Este modelo se crea en Viena en 1930. Nace con Freud y los movimientos políticos juveniles (SEX-POL) y fue liderado por líder William Reich. Este modelo acepta el divorcio, el aborto, vivir la sexualidad de forma libre, la respuesta sexual, el deseo, la excitación, la estimulación, la diversidad de prácticas sexuales, la anticoncepción, las condiciones de seguridad e higiene y la igualdad entre hombres y mujeres. Desde este modelo se consideran los aspectos fisiológicos y psicológicos de la sexualidad humana.

Desde este modelo se cuestiona y analiza el sistema y la finalidad de las represiones, criticando a la familia tradicional.

Modelo biográfico-profesional. Es un modelo de origen sueco nacido en los años 50. López (2005) lo describe como el ideal por combinar aportaciones de los otros tres modelos. Este modelo promueve las actitudes democráticas, tolerantes, abiertas, el derecho a la diversidad, la salud entendida como bienestar y calidad de vida, con derecho y acceso a información que permita tomar decisiones. Ayudando a que cada individuo sea más libre y responsable, tomando como referencia las declaraciones sobre los derechos humanos universales. Desde este modelo se diferencia entre sexualidad y genitalidad, todo el cuerpo es reconocido como un espacio sexuado, con dimensiones psicológicas y sociales. Se reconoce una actitud erotofílica y ética donde la procreación es una decisión responsable con la descendencia, independiente del matrimonio.

II. Otros modelos de educación sexual.

Desde este apartado se recogen las características de otros modelos de educación sexual. También recogemos denominaciones o aproximaciones a la misma realidad de los modelos identificados por Barragán o López. Existen diversas formas de denominar a los modelos de educación sexual, así como de agrupar los contenidos sexológicos que se trabajan desde cada uno.

Modelo biologicista. Desde este modelo la educación sexual existe, la sexualidad se reduce a lo genital y se educa en la función reproductiva. El modelo biologicista utiliza una terminología científica y la información es el remedio para evitar las infecciones por relacionamiento genital y embarazos. Este modelo no considera aspectos afectivos o culturales que dan sentido al uso del cuerpo biológico. "La biologización de prácticas sociales históricas no es novedosa, si no que integra uno de los recursos más frecuentes para la pervivencia de las relaciones de poder y saber en que se inscriben los cuerpos"(Morgade, 2006., p.42). Este modelo se aplica desde la escuela, desde la asignatura de biología. Este modelo se apropia de la naturaleza con una interpretación cultural de la misma, considerando los estados de intersexualidad como no naturales, tampoco acepta el comportamiento homosexual o transexual.

Modelo del enfoque de género. Los cuerpos son sexuados creando desigualdades entre lo masculino y lo femenino mediante estereotipos, mitos y coerción social, cuya finalidad es reproducir las relaciones de poder implícitas en las relaciones de género hegemónicas. La teoría *queer* y los estudios sobre homosexualidad muestran la diversidad de formas de expresión y vivencia del cuerpo, relaciones afectivas y formas de vivir alejadas de los roles de masculinidad y feminidad, válidas todas ellas.

Modelo integral. Pretende la igualdad entre hombres y mujeres basándose en: la promoción de la salud, más allá de la enfermedad o la patología; la salud como algo que se disfruta; tiene en cuenta las dimensiones biomédicas; y un sustento legal.

Modelo psicológico. Este modelo no se preocupa tanto por el qué se dice, sino por cómo se dice. Se centra en analizar como los infantes interpretan la información, considerando el contexto del individuo.

Modelo normativo o judicial. Es un modelo menos extendido que pretende conocer las fronteras legales existentes en cada sociedad, considerando los derechos de la infancia y los jóvenes (Morgade, 2006).

Modelo moralizante. Este modelo establece un patrón ideal sobre como se debe vivir la sexualidad, sin tener en cuenta las necesidad de cada individuo (Morgade, 2006). Según Sanchis (s.f.) el objetivo es la preparación para el amor, y la reproducción dentro del matrimonio. Este modelo comparte gran parte de su contenido con el modelo religioso y moral de López y el modelo tradicional de Barragán.

Modelo higienista. Desde este modelo, el sexo se percibe como algo negativo, algo peligroso. La sexualidad se reduce a los riesgos propios de la genitalidad, se promueve la abstinencia fuera del matrimonio y el uso de preservativos. Comparte contenidos con el modelo preventivo de Barragán y el modelo de riesgo de López.

Modelo contestatario o de fin de la represión. La sexualidad está en función de la cultura y la historia, pero debe ser construida de forma idealista, como herramienta para conseguir la igualdad y la felicidad. Los individuos con sexualidades reprimidas, son individuos con miedos, que viven y fomentan la desigualdad y son incapaces de vivir placenteramente.

Modelo para la revolución sexual y social. Reconoce la importancia de la sexualidad en el desarrollo personal tanto en sus niveles emocionales como psicológicos. Defiende el derecho a la igualdad entre mujeres y hombres.

Modelo atlético. Calvo (citado en Sanchis, s.f.) define la sexualidad atlética como una imitación de modelos externos, no considera la apetencia y el deseo personal, es vivida como exigencia y técnica. El deseo y la excitación no se viven ni se contienen, estos sentimientos requieren una liberación inmediata. La excitación es construida a través de símbolos establecidos como excitantes (escotes, minifalda,...). El placer es una forma de descargar tensiones.

Objetivos Generales

Este informe de investigación es resultado del estudio "La educación sexual en los teléfonos móviles. Un estudio cualitativo sobre las aplicaciones para ligar". Dicho estudio tiene como objetivos generales:

- Analizar la educación sexual presente en las aplicaciones para ligar adaptadas a teléfonos móviles y el efecto que tienen sobre sus usuarios.
- Evaluar la influencia de los flujos comunicativos en la relación *usuario-comunidad-aplicación*.

Método

Analizamos el objeto de estudio desde el paradigma interpretativo de investigación social para comprender un universo de estudio dinámico y diverso: las aplicaciones para ligar.

El método de investigación al que pertenece este estudio es la etnografía virtual. Para dar respuesta a los objetivos marcados utilizamos dos técnicas propias de la etnografía virtual: la observación no participante (ONP) y las entrevistas semiestructuradas.

En el estudio se realizan: una primera ONP, estudiando la estructura de veintitrés aplicaciones para ligar; una segunda ONP, que analiza la información contenida en cuatrocientos perfiles de la aplicación para ligar Grindr; y entrevistas semiestructuradas a cinco usuarios de Grindr. Es con los resultados obtenidos de la primera ONP que se construye el modelo de educación sexual presente en las aplicaciones para ligar. Los resultados de la segunda ONP y de las entrevistas se utilizan a modo de ejemplo de caso.

I. La primera ONP.

Para la selección de la muestra rastreamos en google sesenta y cinco aplicaciones para ligar.

Para recoger una representación del panorama de aplicaciones para ligar existente seleccionamos la muestra en función de los siguientes criterios:

a) Popularidad. Aquellas usadas por mas personas, considerando el número de usuarios que cada una afirma tener en su web y a las instalaciones del *Google Play Store*. La popularidad nos permite conocer la educación sexual que está siendo difundida sobre los utilizadores de aplicaciones para ligar de forma masiva.

b) Recoger una muestra que visibilice la diversidad según el público al que se dirige y su finalidad. Aun no siendo populares nos permite conocer las alternativas existentes consideradas por las aplicaciones para ligar educando las sexualidades.

c) Se incluye una representación de destinadas al relacionamiento homosexual entre hombres que arroje conocimiento sobre las otras fases de la investigación.

Se seleccionan veintitrés aplicaciones para la primera OP: 4 por su popularidad, 10 por la diversidad, 4 destinadas al contacto entre hombres y 5 por ser del mismo creador (permiten analizar como se orienta la estructura en pro de la finalidad y el público al que va destinada).

Aplicaciones para ligar

Por popularidad

Por diversidad

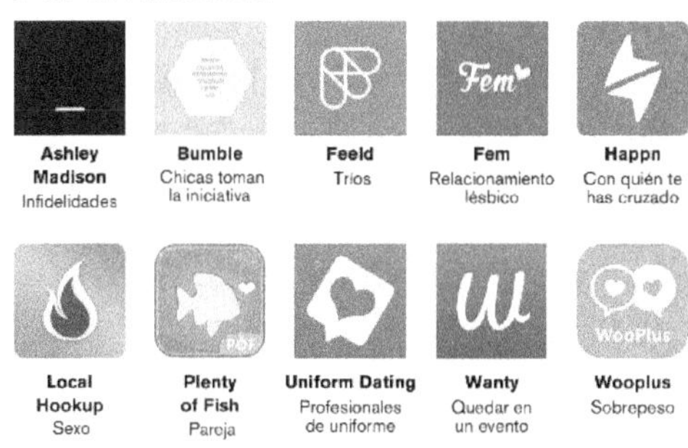

Destinadas al contacto entre hombres

Por interés para el estudio

Figura 1. Muestra de aplicaciones para ligar seleccionadas para la primera OP. Fuente: elaboración propia.

Para el tratamiento de los datos analizamos el entorno virtual que crea cada aplicación para ligar. Para tal fin consideramos el análisis de: la interfaz, la posición de la foto, la distribución de la comunidad (distribución en mosaico o lineal), el carácter obligatorio o voluntario de respuesta a sus datos y el carácter temático de los datos. Esta información nos permite acceder a la psique de cada aplicación para comprender la percepción de la sexualidad que proyectan. También analizamos: la interfaz, la navegabilidad y el nivel de interactividad.

Centramos el análisis en cinco ejes temáticos, son los siguientes:

1. La construcción de la imagen del sujeto física y psicológica.
2. La identidad sexual del sujeto.
3. El acto sexual.
4. Los acuerdos/contratos interpersonales, es decir, los tipos de relaciones contemplados desde cada aplicación.
5. El carácter profesionalizado de la educación sexual recogida en cada aplicación.

II. La segunda ONP.

Se seleccionan cuatrocientos perfiles de Grindr a través de un punto geográfico en Lisboa (Portugal) en un área geográfica de quinientos metros a la redonda. Se recoge la información recogida en los perfiles en una hoja de Excel. Se hace un análisis de los resultados separándolos en campos de marcación por casilla y campos de edición de texto. Los resultados de los campos de marcación por casilla son abordados desde una aproximación cuantitativa. Los campos de texto además de la aproximación cuantitativa se analizan con un análisis del discurso.

III. La entrevista semiestructurada.

Se seleccionan cinco usuarios de la versión 3.11.0 de Grindr que reúnan las siguientes caracteristicas:

- Usuarios utilizadores de Grindr en su versión 3.11, que también pueden utilizar otras aplicaciones para HSH con características similares, como son: Scruff, Hornet y Daddyhunt.
- Españoles viviendo en Lisboa.
- Usuarios que se conectan diariamente a la aplicación.
- Usuarios que en los criterios de búsqueda de Grindr no marcan como opción única y exclusiva *sexo ahora* o *contactos virtuales*.

Los resultados de las entrevistas son interpretados mediante un análisis del discurso.

Resultados

Establecemos dos apartados de resultados en función de la educación sexual implícita y explícita contenidas en las aplicaciones para ligar.

I. Educación sexual implícita.

Existen cinco tendencias en las temáticas de las aplicaciones: buscar pareja, tener sexo, las mujeres toman la iniciativa, orientadas a comportamientos homosexuales entre hombres y orientadas a comportamientos homosexuales entre mujeres.

En un análisis instrumental de las aplicaciones como herramientas, encontramos dos formas de comunicarse con otros usuarios. La comunicación abierta (puedes iniciar un *chat* con cualquier usuario) o cerrada (sistema de matches) resulta ser un indicador en la mayoría de los casos de cómo se presenta la comunidad.

Tanto la distribución lineal como la distribución en mosaico requieren de la valoración constante de sus usuarios sobre los otros usuarios de la comunidad. Esta evaluación sobre la imagen estética, a través de fotos, desentrena los sentidos utilizados tradicionalmente en la atracción sexual.

Esta interacción se relaciona directamente con las ideas de Foucault (citado en Torras, Pérez, Acedo y López-Pellisa, 2014) sobre la docilidad y el disciplinamiento de los cuerpos, donde estos son utilizados, transformados y perfeccionados en función de su capacidad para ser sometido. Un ejemplo de la capacidad de sometimiento de los cuerpos a través de las aplicaciones se ve claramente representado en Scruff, al permitir ver clasificados los usuarios más *woofeados*, donde se ve representado un modelo homogéneo de belleza con características espartanas, alejado del cuerpo estético de *oso* al que va dirigido la aplicación.

La identidad de los usuarios en las aplicaciones para ligar.

Para definir la identidad del usuario en las aplicaciones para ligar, estas recogen tres categorías de características: personales (intereses, aficiones y otras); estatus socioeconómico (salario, nivel de estudios, ámbito profesional y otras); culturales, (religión, estado civil, relaciones familiares y otras); y sexual (rol sexual, métodos de prevención, tipo de cuerpo y otras).

Aquellas que centran la identidad del usuario en sus características exclusivamente personales son Tinder, Wanty, Happn y Local Hookup. Existe una tendencia en las aplicaciones para ligar en representar al sujeto a través de la identidad digital recogida en otras redes sociales, principalmente facebook, instagram, spotify y twitter.

Otras aplicaciones que recogen características personales del usuario son Badoo, Bumble, Feeld, Wooplus y Scruff, aunque estas las combinan con representaciones socioeconómicas, culturales y sexuales del sujeto.

Las aplicaciones que recogen una identidad con datos sobre el estatus socioeconómico del sujeto son Badoo, Zoosk, Bumble, POF, Uniform datting, Wooplus y Jaumo.

Las aplicaciones que construyen a los usuarios por su sexualidad son Daddyhunt, Grindr, Hornet, Scruff, Ashley Madison y Feeld. Consideramos importante recoger la perspectiva desde la que lo hacen.

Feeld principalmente recoge una visión personal del usuario, únicamente recoge sus preferencias sexuales en torno al papel que juega dentro del trío, puesto que Feeld está destinada a la realización de tríos, es imprescindible que contemple esta posibilidad.

Ashley Madison, destinada a infidelidades, recoge las preferencias de sus usuarios en lo referente la erótica sexual. Las prácticas que excitan sexualmente y las situaciones que seducen. La infidelidad desde Ashley Madison no se reduce a prácticas de sexo exprés, sino que recoge un universo de posibilidades en torno al proceso de seducción.

Las aplicaciones destinadas a comunidades HSH: Daddyhunt, Grindr, Hornet y Scruff representan al usuario en preferencias sexuales y los métodos de prevención. Las tres primeras construyen la identidad del sujeto bajo una visión de la sexualidad genitalista coital, es decir, el usuario se construye bajo un rol sexual que únicamente contempla relaciones con penetración. Scruff en cambio, contempla la posibilidad de que la relación sexual no tiene por que acabar en penetración.

La aplicación destinada a sexo Local hookup se centra en una visión política y del entendimiento del mundo sociopolítico de sus usuarios. Demostrando que la atracción sexual se construye con algo más que el físico y centrándose en psicología del usuario como base para la atracción. Feeld, la aplicación destinada a tríos, también recoge una identidad personal del sujeto.

Fem aborda la identidad de sus usuarias creando campos abiertos donde poder expresarse libremente.

La visión de la identidad sexual.

Analizamos los cuatro componentes de la identidad sexual (sexo, identidad de género, orientación sexual y expresión de género) presentes en las aplicaciones para ligar desde tres categorías: tradicional, popular y abierta.

Antes de explicar estas categorías es necesario aclarar que existe una confusión constante entre sexo y género en las aplicaciones para ligar. De estos cuatro componentes son la identidad de género y la orientación sexual los más representados en estas aplicaciones.

Consideramos que la identidad sexual es entendida bajo una optica *tradicional* cuando: recoge como opciones de género mujer y hombre; y como orientación sexual homosexual y heterosexual. Las aplicaciones que recogen una visión tradicional de la identidad sexual son: Zoosk[5], POF y Uniform datting. Estas tres aplicaciones tienen como finalidad formar pareja.

Definimos la identidad sexual *popular*, como aquella que además de lo tradicional reconoce la bisexualidad. Las aplicaciones que recogen una visión popular de la identidad sexual son: Badoo, Hi5, Tinder, Ashley Madison, Bumble, Happn, Local Hookup, Wooplus y Jaumo. No existe una característica común entre todas estas aplicaciones.

Entendemos por identidad sexual *abierta* aquella que además de lo popular reconocen: etiquetas sobre la identidades de género recogidas por González (2016), Bermejo (s.f.), y Miguel-Trula, (2016) tales como: transexual, *queer, drag-queen,* etcétera; y/o etiquetas sobre la orientación sexual como las recogidas por Torres (s.f.) y Asensio (s.f.) tales como heteroflexible, homoflexible, pansexual, etcétera. Las aplicaciones que recogen una visión abierta de la identidad sexual son: Feeld, Fem, Grindr y Scruff. Feeld está orientada a tríos y las tres restantes a relacionamientos homosexuales.

La única aplicación que recoge un amplio abanico de orientaciones del deseo sexual es Feeld. La lectura popular sobre la orientación del deseo sexual (homosexual-bisexual-heterosexual) se crea sobre los genitales (una lectura del sexo biológico). Feeld ofrece posibilidades que incorporan elementos como la identidad de género y la expresión de género, además recoge una visión dinámica sobre la orientación, donde la curiosidad, las construcciones románticas, la intergeneracionalidad y el deseo son elementos a considerar en la orientación del deseo sexual.

Por otro lado, Wanty, Daddyhunt y Hornet, no recogen datos que permitan analizar su visión de la identidad sexual.

La representación del acto sexual.

No es muy frecuente en las aplicaciones para ligar analizadas que recojan datos sobre las preferencias sobre el acto sexual. Únicamente Ashley Madison y las cuatro destinadas a HSH (Daddyhunt, Grindr, Hornet y Scruff) recogen estas preferencias de sus usuarios. En las aplicaciones que construyen a sus usuarios como un producto sexual, usuario y acto sexual se fusionan como un mismo objeto.

Los acuerdos/contrato/vinculaciones interpersonales.

---

[5] Esta aplicación al registrar un perfil no permite marcar la bisexualidad. Únicamente una vez creado el perfil tiene un acceso más escondido donde permite marcarlo. La razón parece ser las áreas geográficas donde esta aplicación tiene mayor éxito. Llegamos a esta conclusión a través de los datos contenidos en idiomas hablados.

Para analizar los contratos/acuerdos/vinculaciones interpersonales que reflejan la psique de las aplicaciones para ligar realizamos la misma categorización que para la identidad sexual: tradicional, popular y abierta. Entendiendo por tradicional, acepta la pareja y las relaciones fuera de esta son infidelidades; por popular, aceptan la existencia de la pareja abierta; y abierta, donde las vinculaciones van más allá de la pareja, como por ejemplo, el poliamor.

La visión tradicional de los acuerdos interpersonales se acepta desde diversas ópticas: POF sólo contempla la pareja; Uniform datting se destina a solteros, pero incorpora un *chat* llamado *pareja + 1*; Zoosk define a los solteros como nunca casados; por otro lado, Ashley Madison y Local hookup entienden las relaciones sexuales fuera de la pareja como infidelidad y no recogen la pareja abierta como opción. Destacamos la existencia en estas aplicaciones de la infidelidad, existe en esta lectura cultural una cierta lucha entre instintos y culturas, donde la cultura se impone sobre las vivencias de las pulsiones sexuales.

Jaumo, Hornet, Grindr, Badoo, Hi5, Fem y Feeld recogen la existencia de la pareja abierta. Varias aplicaciones recogen entre sus opciones de respuesta al estado de relacionamiento *es complicado* (ej. Jaumo), es complicado implica una comunicación cerrada o ininteligible sobre la diversidad de relacionamientos.

Son dos aplicaciones para HSH las únicas que recogen una visión abierta de los acuerdos interpersonales: Daddyhunt y Scruff presentan la opción poliamor entre sus respuestas. Además Scruff permite enlazar los perfiles de pareja, reconociendo la pareja abierta y la apertura comunicativa de sus componentes.

Existe una tendencia generalizada en las aplicaciones para ligar de normalizar la bisexualidad y la pareja abierta. Esta tendencia permite vislumbrar un cambio en la estructura social centrada en parejas monogámicas, si consideramos la repercusión mediática de estas aplicaciones

Las aplicaciones Wooplus, Wanty, Tinder, Bumble y Happn no incluyen ninguna información referente a los estados de relacionamiento. Existe una tendencia *naif* en la representación de la identidad de los usuarios, esta tendencia guarda relación con las aplicaciones para ligar que recogen la información para los perfiles de las identidades digitales de otras redes sociales.

II. La profesionalidad en la educación sexual explícita.

La educación sexual explícita en las aplicaciones para ligar se hace en dos temáticas: la comunicación entre usuarios y métodos de prevención de VIH.

La comunicación.

Son tres las aplicaciones que hacen hincapié en el estilo comunicativo: POF y Daddyhunt y Hornet.

POF orienta a sus usuarios sobre como comunicarse con otros usuarios para tener éxito; recomienda establecer un diálogo basado en los intereses descritos en el perfil mostrando las mejores características, siendo optimista, utilizando mensajes cortos y dulces, manteniendo el interés con preguntas, siendo cortés, no comunicar cuando se ha bebido alcohol, releer los mensajes antes de enviarlos y mantener un perfil interesante y memorable.

Existe en este código de comunicación una imposición sobre la identidad del sujeto, suplantar una identidad para conseguir un objetivo. POF es la aplicación más directiva, recoge los datos de forma obligatoria y las temáticas pueden resultar ofensivas. Esta aplicación está orientada a formar familias con una base propia del modelo religioso y moral definido por López (s.f.). Este código comunicativo representa los mitos del amor romántico citados por Navarrete (2017). Primero cultiva el flechazo con una identidad estándar (optimista, dulce, interesado, cortés, etcétera), estas actitudes no son constantes, ni representativas del sentimiento humano contemporáneo. Cuando el individuo se libere del código POF y se muestre, la relación tiene que apoyarse en el mito *la promesa de la felicidad*, donde la felicidad requiere de un sacrificio constante. POF fomenta así la creación de vínculos no saludables.

El código de comunicación Daddyhunt se centra en establecer pautas de comportamientos no resultan tan invasivas en la identidad del usuario y están orientadas a pautar la comunicación en la comunidad. Las características que recoge este código son las siguientes: madurez, comportarse como un adulto, sin juegos, ni actitudes; integridad, siendo auténtico y honesto; seguro, siempre me protejo a mí y a mis parejas; verdadero, mi yo online me representa; disfruto, valoro las experiencias agradables; y respeto, trato a los otros miembros con respeto.

Hornet incluye una guía sobre referencia para fotos, principalmente rechazan desnudos, representaciones de la genitalidad y el erotismo, expresiones de violencia y armas, fotos con menores, fotos con animales que los ponga en situación sexual y fotografías de otras personas. Esta expresión de imágenes insinuantes se extiende también a las palabras donde no se permite títulos referentes al tamaño de los genitales, texto ofensivo contra Hornet, racismo, publicidad, apología a las drogas o palabras ofensivas.

La prevención de ITGs.

Tres aplicaciones realizan educación sexual explícita en temas de prevención de VIH, estas son: Daddyhunt, Grindr y Hornet.

Daddyhunt adopta una perspectiva psicológica de educación sexual, cambiando el abordaje sobre el VIH, en vez de preguntar el estado de VIH, ofrece marcar una casilla donde confirmar que eres una persona que vive libre de estigma, independientemente de ser positivo o no (DH Services, 2017). Desde este apartado se crea un enlace a una red de agencias que trabajan por eliminar el estigma. La iniciativa promueve la normalización del estigma, dando como resultado una comunicación abierta que proteja a la comunidad HSH.

Grindr incluye apartados de educación sexual explícita en un apartado titulado *Preguntas frecuentes sobre salud sexual* desde donde se incluyen enlaces a noticias en diferentes idiomas (cada idioma incluye noticias similares): ¿Qué es la PEP? ¿Dónde puedo hacerme el test de VIH u otras ITS? ¿Qué significa ser indetectable? etcétera (Grindr LLC, 2017). Gran parte de la educación sexual de Grindr se centra en el uso de la PrEP como método de prevención, si bien advierte que protege del contagio de VIH y no de otras ITGs, no explica que el contagio de infecciones como la gonorrea o la sífilis no prevenidas por la PrEP aumenta el riesgo de contagio de VIH. La apología sobre la PrEP invisibiliza el riesgo que puede tener en la salud de personas que no se hacen análisis sobre ITGs con frecuencia otras infecciones como son la sífilis y la gonorrea.

Hornet establece educación sexual para la liberación del estigma del VIH. Conocer el estado de VIH te permite revelar tu estado, directamente te informa sobre el estado, y un poco la trasmisión, además alerta sobre la existencia de centros gratuitos para la realización de la prueba y animan a compartir el estado de VIH en *Hornet* y mantenerlo actualizado en beneficios de la salud. Termina el párrafo con "Todos podemos trabajar en prevenir el VIH y reducir el estigma" (Hornet Networks Limited, 2017). La reducción del estigma se hace desde compartir el estado, visualización como forma de normalización. Añade un breve recorrido histórico sobre el SIDA, la situación en la actualidad y sobre porcentajes de infectados.

El abordaje de Hornet en sí mismo es acertado adoptando un modelo de educación sexual psicológico centrado en el *cómo*. Por otro lado el abordaje prescriptivo sobre la PrEP que hacen Daddyhunt y Grindr es presentado de forma incompleta como hemos dicho en párrafos anteriores, la PrEP no se presenta como posible método combinado con el preservativo.

Los resultados sobre el estudio centrado en Grindr demuestran que el carácter directivo en la estructura de dicha aplicación es integrado por sus usuarios y por tanto reforzado por la comunidad. Los resultados de las entrevistas demuestran que la satisfacción en el uso no está en función del tiempo y la frecuencia de conexión, sino de ser conscientes de para qué es la aplicación y compartir la finalidad de uso, en el caso de Grindr una aplicación para encuentros sexuales.

Discusión y conclusiones

Encontramos en las aplicaciones para ligar una gran diversidad de formas de vivir las sexualidades. Existe una gran cantidad de temáticas recogidas en los anteriores modelos de educación sexual representados en las aplicaciones para ligar, pero también encontramos nuevas concepciones de las sexualidades.

Una cuestión de géneros.

La comunicación es abierta o cerrada en función del sexo o género. Las cuatro aplicaciones estudiadas de HSH (Daddyhunt, Grindr, Hornet y Scruff) presentan la comunidad en mosaico con comunicación abierta. Las demás aplicaciones con comunicación abierta son Ashley Madison, Fem, POF. Bumble, Feeld, Uniform datting, Wooplus y Jaumo tiene la comunicación cerrada hasta establecer un *match*. Con esto podemos afirmar que existe una relación entre las aplicaciones con comunicación abiertas y las temáticas comportamientos homosexuales o tener sexo; y entre la comunicación cerrada y buscar pareja o mujeres toman la iniciativa. La construcción sociocultural de los géneros parece guardar relevancia con el control de la comunicación en las aplicaciones.

La tendencia en las aplicaciones "mujeres toman la iniciativa" representan un cambio en los roles de género, donde se les ofrece a las mujeres la posibilidad de iniciar el cortejo y a los hombres el dejarse seducir.

La visión tradicional y la visión abierta.

Haciendo un análisis de la cadena simbólica sexo-género-rol de género-orientación sexual realizada por Corominas (citado en Torras et al., 2014) sobre la norma y la exclusión sobre las expectativas sociales, podemos afirmar que desde las aplicaciones para ligar la homosexualidad ha sido integrada dentro de la norma.

La formación de la pareja en las aplicaciones para ligar reproduce los elementos recogidos por Engels (1979) donde la familia se crea como un núcleo económico. POF, Wooplus y Uniform datting además recogen significaciones culturales sobre la importancia de tener hijos, la composición familiar y el estado y mantenimiento de esta, semejando las características del *modelo de educación sexual religioso y moral* definido por López (s.f.). Las aplicaciones que recogen una identidad con datos sobre el estatus socioeconómico del sujeto son Badoo, Zoosk, Bumble, POF, Uniform datting, Wooplus y Jaumo.

Badoo, Hi5, Tinder, Bumble, Wooplus y Jaumo son heteronormativas, una vez registrado el sexo, directamente te muestra la comunidad del sexo opuesto. Por otro lado, la omisión de las orientaciones sexuales en las aplicaciones para HSH indica cierta homonormatividad. La orientación sexual sigue siendo entendida en las aplicaciones como una posición permanente y exclusiva fundada por la atracción de los genitales que definen el sexo biológico.

Podemos afirmar que: son aquellas aplicaciones destinadas explícitamente a formar parejas las que recogen una visión limitada de las sexualidades, no representado la diversidad contemporánea, estas además presentan una asociación entre pareja y familia nuclear monogámica; las aplicaciones destinadas a sexo, no exclusivas para HSH, no recogen una visión de la sexualidad genitalista, sino que por el contrario, establecen la atracción sexual en las características personales del usuario; y las aplicaciones para HSH representan a sus usuarios a modo de productos sexuales, donde el usuario y el acto sexual se fusionan en uno mismo, a su vez, es desde estas aplicaciones que se recoge una visión más diversa sobre las identidades sexuales y los acuerdos interpersonales.

La construcción del usuario

El producto que venden las aplicaciones para ligar son sus usuarios, todas las aplicaciones de estudio, a excepción de Wanty y POF muestran sus productos en la interfaz de arranque dispuestos de forma lineal o en mosaico. Tanto la distribución lineal como en mosaico ejercen una construcción sobre la percepción de las sexualidades de sus usuarios. Ambas distribuciones incitan a la permanencia del usuario en la aplicación facilitando una posible adicción como revela el estudio de Jaspal (2016).

El físico es entendido en las aplicaciones como un texto sobre el que hacer lecturas psicológicas, para hacer este difícil proceso es necesario recurrir a estereotipos. Torras (2007) explica la diferencia entre tres formas de concebir el cuerpo: tener un cuerpo, ser un cuerpo y devenir un cuerpo. En el uso del cuerpo las aplicaciones, este deviene un cuerpo al ser entendido como una masa de materia inherente a la cultura y sus códigos. El poder del discurso y el discurso de poder construyen la performatización del cuerpo. Esta autora afirma que el proceso civilizatorio organiza: las vivencias de las pulsiones y las emociones; la legitimidad de unos actos y la prohibición de otros.

Los cuerpos es las aplicaciones para ligar son expuestos a evaluación y a ser evaluados presentado en un primer plano en la interfaz de la aplicación. Este ir y devenir de evaluaciones constantes entrena a los utilizadores modificando la atracción sexual propias del entorno físico tradicional.

Estas relaciones de consumo propias de la modernidad líquida definida por Bauman (2013)

Según Tziallas (2013) estos entornos virtuales facilitan el *sexting* y la autopornificación, a su vez, la geolocalización en el caso de Grindr promueve la realización de tales prácticas; donde la proximidad es entendida como una señal de disponibilidad sexual (Licoppe, Rivière, y Morel, 2016).

La profesionalidad en la educación sexual explícita.

El abordaje sobre la comunicación en las aplicaciones para ligar está lejos de considerarse profesional en POF por ser sensacionalista o en Hornet por su carácter prohibitivo. En el caso de Daddyhunt resulta adecuado establecer un código de comunicación que protege el bienestar de los usuarios.

Es memorable que las aplicaciones para ligar incorporen este tipo de educación sexual, si bien este hecho en principio altruista ha sido propiciado por la presión social y los resultados de investigaciones sobre el uso de aplicaciones y el aumento de contagio de ITGs (Clark, 2015 o Holloway, Pulsipher, Gibbs, Barman-Adhikari y Rice, 2015).

Considerando que la mayoría de los HSH tienen un perfil en más de una aplicación, es decir, están expuestos a las informaciones de varias aplicaciones. La bomba informativa eliminación del estigma del VIH y PrEP como prevención, puede generar una desinformación y despreocupación sobre la visión de las ITGs. Esta relajación ante las ITGs se ve reforzada por la visión parcial de la contemporaneidad, donde el sistema se entiende como inmutable y los servicios de salud y el acceso a los fármacos son entendidos como algo estático. La información sesgada y no profesionalizada de las aplicaciones para HSH presentan un riesgo para la salud pública.

Las aplicaciones para ligar son una fantástica herramienta para propiciar cambios en la construcción de las identidades sexuales, como también lo son para facilitar la integración y el bienestar de las sexualidades marginadas. En cambio aspectos como la estructura de la aplicación, la imposición simbólica sobre la identidad del usuario, el uso inducido y la construcción previa de la sexualidad del usuario pueden ser factores que dificultan las posibilidades de estas herramientas.

Referencias bibliográficas

Asensio, S. (s.f.). Los 13 tipos de orientación sexual (Común y rara). Lifeder. Sevilla, España. Recuperado de: https://www.lifeder.com/tipos-orientacion-sexual/ WEB

Bauman, Z. (2013). Amor líquido. Acerca de la fragilidad de los vínculos humanos. Madrid, España. Ed. Fondo de Cultura Económica.

Bermejo, D. (s.f.). Éstas son las 27 nuevas identidades de género en Tinder explicadas una a una. ELMUNDO .Unidad Editorial. Recuperado de: http://www.elmundo.es/f5/comparte/2017/02/03/586ce2c5ca4741d1778b4674.htm (*web*)

Clark, J. (2015). Mobile dating apps could be driving HIV epidemic among adolescents in Asia Pacific report says. *BMJ, 351,* h6493.

DH Services. (2017). Daddyhunt: Gay Dating (Versión 1.2.4.0)) [Aplicación Móvil]. Descargado de: https://play.google.com/store/apps/details?id=com.dhservices.daddyhunt&hl=es_419

Engels, F. (1979). El origen de la familia, la propiedad privada y el estado. Barcelona, España. Ed. DeBarris.

Foucault, M. (2010). Historia de la sexualidad. 2. El uso de los placeres. Buenos Aires, Argentina. Siglo Veintiuno Editores.

Fuss, D. (1999). Dentro/fuera. Feminismos literarios. Publicado en Neus Carbonell y Meri Torras (eds.). Madrid, España. Arco Libros.

González, P. (2016). Hombre-Mujer? No seas anticuado, ahora puedes elegir entre 31 identidades sexuales. The Daily Caller. Actuall. Washinton, EEUU. Recuperado de: https://www.actuall.com/familia/hombre-mujer-no-seas-anticuado-ahora-puedes-elegir-entre-31-identidades-sexuales/ (*web*)

Grindr LLC. (2017). Grindr. (Versión 3.7.0) [Aplicación Móvil]. Descargado de https://play.google.com/store/apps/details?id=com.grindrapp.android&hl=es

Holloway, I. W., Pulsipher, C. A., Gibbs, J., Barman-Adhikari, A., & Rice, E. (2015). Network influences on the sexual risk behaviors of gay, bisexual and other men who have sex with men using geosocial-networking applications. *AIDS and Behavior, 19*(2), 112-122.

Hornet Networks Limited, (2017). Hornet (Versión 3.5.1.) [Aplicación Móvil]. Descargado de https://play.google.com/store/apps/details?id=com.hornet.android

Jaspal, R. (2016). Gay Men's Construction and Management of Identity on Grindr. Sexuality & Culture

Licoppe, C., Rivière, C. A., y Morel, J. (Enero de2016). Proximity awareness and the privatization of sexual encounters with strangers. The case of Grindr". Recuperado de: https://www.researchgate.net/publication/284178979

López, F. (2005). La educación sexual. Madrid, España. Ed. Biblioteca Nueva.

López, F. (s.f.). Guía para el desarrollo de la afectividad y de la sexualidad de las personas con discapacidad intelectual. Consejería de Familia e Igualdad de Oportunidades Gerencia de Servicios Sociales. Junta de Castilla y León. Consejería de Familia e Igualdad de Oportunidades Gerencia de Servicios Sociales. DC Arte y Comunicación

Masters, W. H., & Johnson, V. E. (1976). *Respuesta sexual humana*. Intermédica.

Miguel-Trula, E. (2016). Transmasculino, intergénero y berdache: las 37 nuevas etiquetas de género de Tinder, explicadas. Magnet. Recuperado de: https://magnet.xataka.com/preguntas-no-tan-frecuentes/transmasculino-intergenero-y-behache-las-37-nuevas-etiquetas-de-genero-de-tinder-explicadas. WEB

Morgade, G. (2006). Educación en la sexualidad desde el enfoque de género. Una antigua deuda de la escuela. *Novedades educativas, 184*, 40-44.

Sanchis, R. (s.f.) Esquema del curso: Del mal amor a la buena educación sexual. Unidad 1. Educación Sexual. Modelos y dificultades.

Navarrete, P. S. (2017). El mito del amor romántico y su pervivencia en la cultura de masas. *Ubi sunt? Revista de Historia*, (28), 100-109.

Torras, M., Pérez, A., Acedo, N. & López-Pellisa, T. (2014). Representaciones culturales de las sexualidades (Curso). Plataforma Coursera. Universidad Autónoma de Barcelona.

Tziallas, E. (2015). Gamified Eroticism: Gay Male "Social Networking" Applications and Self-Pornography. Sexuality & Culture. Vol. 19, n4. 759-775.

CAPÍTULO VII

LA ENSEÑANZA DEL PROCESO DE PRODUCCIÓN MULTIMEDIA EN EDUCACIÓN SECUNDARIA

Dra. Valentina Moreno Zambrano
InterDOC, España

Resumen

Los formatos audiovisuales tradicionales están incorporando las posibilidades que brindan las nuevas herramientas digitales, lo cual, está dando lugar a nuevos formatos audiovisuales interactivos que permiten la participación física sobre la obra. Consideramos que las narrativas interactivas, especialmente de no ficción, pueden ser una excelente herramienta construccionista para desarrollar habilidades en el aula. Estos formatos requieren nuevas mecánicas de producción, en la que debemos pensar no sólo como mostrar los contenidos, sino también en cómo diseñar la interacción y el recorrido del usuario.

Con esta premisa, durante el mes de junio se desarrollaron una serie de talleres con estudiantes de 4to de la ESO del IES Gustavo Adolfo Becquer, en el marco de la asignatura de historia. Estos talleres proponen el desarrollo de un *storyboard* de un corto documental interactivo que transforma al lenguaje multimedia interactivo un trabajo de investigación en torno a la memoria histórica que los alumnos habían desarrollado previamente. Esta investigación se había desarrollado en el marco de la iniciativa Hebras de Paz Viva.

Analizamos los resultados del taller desde la perspectiva de la observación participante de la investigadora y facilitadora y triangulamos estos resultados con literatura previa sobre el tema y una entrevista con la profesora de la asignatura. Encontramos que, si bien los estudiantes fueron capaces de plantear una estrategia multimedia, resultó más complicado que diseñaran una estructura interactiva que invitara a participar, debido a que aún su concepción del audiovisual se asocia con la exposición de contenidos. Resulta un reto apasionante formar a emisores que sean capaces de diseñar narrativas interactivas para contar su realidad.

Palabras claves

Narrativas interactivas, Educomunicación, Educación mediática; Narrativa multimedia, TIC.

Introducción

Estamos inmersos en una sociedad red (Castells et al, 2010) en la que la web se ha convertido en una plataforma fundamental que media nuestras relaciones y nuestros patrones de consumo de información y de entretenimiento. La escuela, sin embargo, sigue considerando la red como un espacio de entretenimiento que descentra al estudiante del verdadero aprendizaje, y no ha incorporado las herramientas digitales de forma transversal en las propuestas educativas (Aparici, 2017, Scolari, 2016, Gabelas, et al, 2016).

Aún hoy, encontramos que la enseñanza de competencias digitales en los centros educativos suele restringirse a la asignatura de informática, mientras que fuera del centro educativo los estudiantes ven mediadas sus interacciones por dispositivos digitales (Castells, 2007).

Sólo algunos centros educativos han incorporado habilidades digitales básicas como la grabación de vídeos, el diseño de la arquitectura web, la programación, el diseño de interfaces o el modelo 3D con herramientas gratuitas como habilidades transversales en las que se pueden apoyar las asignaturas tradicionales. Aun hoy, la experiencia en el aula está muy centrada en escuchar y hacer notas a mano alzada y la evaluación en los test y los ensayos.

Asimismo, las habilidades más desarrolladas en el aula suelen ser la lingüística y la matemática, dejando de lado muchas otras habilidades que requieren también poner en práctica la creatividad y la resolución de problemas. Otra de las grandes deudas de la escuela actual es que potencia la competencia individual al trabajo en equipo, creando luego ambientes competitivos a tal punto que se convierten en entornos poco productivos.

En respuesta a esto están popularizándose nuevas corrientes educativas, como el aprendizaje basado en proyectos, que requiere de un trabajo colaborativo y un aprendizaje a partir de la experiencia. También la gamificación o el aprendizaje basado en la investigación son metodologías que colocan al alumno en un rol activo en su proceso de aprendizaje y hacen que se divierta.

Estas metodologías permiten también un aprendizaje basado en la experiencia, de acuerdo con el neurólogo Francisco Mora(2017) , el cerebro sólo aprende si se emociona. Por tanto, la creación de experiencias en las que el alumno debe interpretar la realidad para reconstruirla y contarla de una forma creativa, podría ser una excelente forma de emocionar a nuestros jóvenes.

En el entorno laboral también son cada vez más necesarias las herramientas digitales, los nuevos puestos de trabajo se articulan en una economía digital y del conocimiento. De hecho, la Unión Europea alerta de la existencia de una brecha entre las necesidades del mercado laboral y las habilidades digitales, para lo cual está llevando a cabo una serie de políticas de formación[6]. La automatización va a obligar al ciudadano a desarrollar una serie de soft skills que le permitan adaptarse a cualquier entorno y superar la mera formación técnica. Un ciudadano que aprenda constantemente y que trabaje en equipo.

En este marco, se hace imperativa una alfabetización mediatica (Pérez Tornero, 2010), pero que no sólo tome en cuenta el desarrollo de competencias técnicas, sino que utilice la red como un espacio de trabajo colaborativo. De acuerdo con Rheingold (2004) la interacción de los ciudadanos en el entorno digital da lugar a multitudes inteligentes, es allí donde radica el mayor potencial de las nuevas tecnologías.

La alfabetización mediática propone la formación de competencias que permitan evaluar y crear mensajes en diversos medios, formatos y géneros de la comunicación (Buckingham, 2007 y 2008). Sin embargo, estos formatos de comunicación han ido variando, los medios digitales funcionan con nuevas lógicas de interacción. Ya debemos trascender los medios tradicionales y pasar a la red.

La comunicación en un espacio digital requiere de una nueva estrategia narrativa, los contenidos no se entregan de forma lineal, nos encontramos ante una interfaz interactiva, que requiere de usuarios activos y curiosos. Pero requiere también de ciudadanos que sepan producir información para la red, contenidos que inviten a interactuar con ellos y que involucren al participante.

Todo esto sin olvidar la importancia de las prácticas colaborativas mediadas por la tecnología, más allá del desarrollo de habilidades técnicas en sí mismo. En este sentido, Gabelas, González y Marta-Lazo (2016) resaltan la importancia del factor relacional en el desarrollo de las competencias digitales, las dinámicas de interacción que se tejen en el grupo a lo largo del desarrollo de proyectos.

El documental interactivo se posiciona como un formato muy adecuado para trabajar estos temas en el aula. De acuerdo con Gifreu, los documentales interactivos pueden definirse como:

> "Aplicaciones interactivas en línea o fuera de línea, realizadas con la voluntad de representar y documentar la realidad con unos mecanismos propios, que llamaremos modalidades de navegación e interacción, en función del grado de participación que contemplen" (Gifreu, 2010: 100).

---

[6] Disponible en: https://ec.europa.eu/digital-single-market/en/digital-skills-jobs-coalition

El documental interactivo cuenta con una serie de características que pueden ser muy potentes con fines educativos (Moreno, 2017): este formato registra la realidad, lo que permite a los estudiantes explorar su entorno para registrarlo y contarlo a otros, con lo cual está reinterpretando y aprendiendo. Por otra parte, permite navegar e interactuar con la narrativa, lo que permite ofrecer una mayor cantidad de información y crear una propuesta interactiva más creativa y retadora que con formatos tradicionales.

Este formato es también digital, con lo que los proyectos de los alumnos pueden estar disponibles para el público a través de la red, con lo que los proyectos pueden trascender el aula y prolongarse a la comunidad o a otros centros educativos. El documental interactivo es un sistema autopoietico, Gaudenzi (2009) por tanto está en constante simbiosis con su entorno y puede retroalimentarse de las colaboraciones de otro usuario o incluso los sujetos protagonistas.

Por último, este formato al ser digital puede ser también multiplataforma, lo que permite diseñar narrativas transmedia, en la que el usuario pueda consumir a través de diferentes canales. Esto puede ser una herramienta muy potente para enganchar a otros compañeros a conceptos clave o incluso para que los estudiantes elaboren sus propios materiales educativos para otros alumnos.

El uso del documental interactivo en el aula se apoya en las teorías constructivista (Piaget, 1975 y Lev Vygotsky (1978) y construccionista (Papert 1980), el estudiante aprende construyendo un objeto, en este caso un corto documental interactivo, y el proceso por el que pasa para llevar a cabo el proyecto es constructivista, dado que debe investigar su entorno recabando información para luego interpretarla y compartirla con otros.

De acuerdo con un artículo publicado por el World Economic Forum[7] las habilidades que serán necesarias para seguir siendo competitivos son la resolución de problemas complejos, el pensamiento crítico, la creatividad, la inteligencia emocional, la gestión de equipos, el trabajo colaborativo, la orientación al servicio, la toma de decisiones, la negociación o la flexibilidad cognitiva. Todas ellas habilidades que se fomentan con el trabajo en equipo en tareas creativas y que podrían desarrollarse en este tipo de proyectos.

Tomando todos estos elementos en consideración, hemos propuesto una serie de talleres con estudiantes de 4º A y D de la ESO del IES Gustavo Adolfo Bécquer, en el marco de la asignatura de Historia y bajo la tutoría de la profesora Filomena Navas. Estos talleres proponían el desarrollo de un *storyboard* de un corto documental interactivo que pretende transformar

---

[7] https://www.weforum.org/agenda/2016/01/the-10-skills-you-need-to-thrive-in-the-fourth-industrial-revolution/

un trabajo de investigación previo (un ensayo) sobre temas relativos a la memoria histórica, al lenguaje multimedia interactivo.

El proyecto en el que se basó la actividad consistía en recoger datos sobre la vida cotidiana durante la guerra y la postguerra, preguntando a familiares o vecinos. El proyecto se enmarcaba en la iniciativa Hebras de Paz Viva, una propuesta que recolecta historias de alumnos de diferentes centros educativos para rescatar episodios de paz genuina, en los que se dejan de lado las diferencias ideológicas. La propuesta lleva ya varios años e invita a diferentes espacios a niños con sus familiares para que compartan sus hebras con la sociedad. Uno de sus objetivos es que las historias salten al formato multimedia.

Se invitó a los alumnos a tomar como base esta investigación para convertirla en una propuesta multimedia que utilizara más recursos y canales, y que invitara al público a interactuar. Esto permitiría a los alumnos realizar una revisión histórica del pasado de su sociedad y transformar esos datos a un lenguaje digital más actual.

Objetivos Generales

Esta investigación tiene como objetivo general:

- Tomar partido de los formatos interactivos para fomentar estrategias de aprendizaje basado en proyectos (ABP) en el aula.

Como objetivos específicos nos hemos planteado:

- Desarrollar destrezas básicas en la utilización de diversas técnicas, para crear proyectos basados en las tecnologías de la información y la comunicación.
- Utilizar de manera adecuada el lenguaje digital con distintas funciones.
- Diseñar mensajes visuales y audiovisuales con distintas funciones, utilizando diferentes lenguajes y códigos siguiendo de manera ordenada las distintas fases del proceso. (Guión técnico, storyboard)
- Comprender los fundamentos del lenguaje multimedia, valorar las aportaciones de las tecnologías digitales y ser capaz de elaborar documentos mediante el mismo.
- Desarrollar la consciencia del individuo sobre su historia y cómo afecta su presente.
- Desarrollar la sensibilidad del individuo ante las demostraciones de concordia y paz, aun en situaciones difíciles.

Método

Desarrollamos una serie de 6 talleres con los alumnos de 4º A y D de la ESO del IES Gustavo Adolfo Bécquer. Los talleres estaban compuestos por 4 módulos, el primero de ellos referido a los fundamentos del lenguaje cinematográfico, dónde se explicaron los diferentes tipos de encuadres y planos y el uso del móvil como herramienta de grabación.

El segundo módulo abordaba el uso de recursos multimedia como herramienta para contar historias; el tercer módulo se enfocaba en el documental interactivo y en el diseño de la arquitectura de la información en un proyecto interactivo. Por último, el cuarto módulo abordaba el diseño de *storyboards* y de *wideframes* en proyectos digitales de no ficción.

Durante las clases, los alumnos realizaron esquemas adaptando su historia a los nuevos medios digitales, también realizaron *storyboards* y mapas mentales en los que estructuraban la arquitectura de la información del proyecto y en los que en algunos casos incluyeron *wideframes* de las pantallas de su proyecto.

Analizamos los resultados del taller desde la perspectiva de la observación participante de la investigadora y facilitadora y triangulamos estos resultados con literatura previa sobre el tema y una entrevista con la profesora de la asignatura.

Resultados

Para comenzar, comparamos los objetivos de aprendizaje que ofreció la evaluación tradicional con los objetivos de aprendizaje que ofrece la realización de cortos documentales interactivos.

Tabla 1. Objetivos de aprendizaje evaluación tradicional vs formato propuesto.

Formato tradicional (Ensayo)	Formato propuesto (corto documental interactivo)
Expresión escriturocéntrica	Construcción de relatos transmedia.
Desarrollo de la argumentación	Expresión audiovisual apoyándose en plataformas interactivas (Genially o Klynt)
Investigación limitada (Ensayo)	Investigación de campo mayor para buscar nuevos recursos
Reinterpretación de entrevistas y diseño del discurso.	Diseño de arquitectura de la información y jerarquización de la información.
Desarrollo de narrativa escrita	Desarrollo de narrativa audiovisual y escrita.
Diseño del texto para usuario pasivo	Diseño del proyecto para un usuario activo
Producto para revisión en clase y quizá en algún evento.	Producto pensado para difusión en la web.

Elaboración propia de la autora

Como podemos observar, las habilidades desarrolladas son totalmente distintas, pasamos de una alfabetización tradicional a una alfabetización audiovisual y digital, brindando a los alumnos herramientas para construir mensajes multimedia.

Cambia también el usuario objetivo, pasamos de un usuario pasivo a un usuario activo que quiere ir más allá de la posición de simple espectador. Esto obliga al estudiante a hacer otro tipo de investigación, debe pensar en otras aristas de la historia y en elementos llamativos para contar de forma multimedia.

El alumno debe pasar también de la clásica estructura argumentativa a comprender el diseño de la arquitectura de la información, jerarquizando los datos e hilando entre ellos una narrativa que conecte los diferentes elementos.

Como hemos acotado anteriormente, es vital que los jóvenes nuevas habilidades, la escuela moderna sigue dirigiéndose a una sociedad industrial en las que las habilidades desarrolladas se centran en la escritura manual y las matemáticas, dejando de lado las posibilidades que brinda la tecnología.

También podemos analizar la tasa de cumplimiento de la asignación por parte de los alumnos para medir hasta qué punto las herramientas técnicas fueron comprendidas y los estudiantes se sintieron motivados con la actividad.

Tabla 2. Porcentaje de cumplimiento de la actividad.

	Elección de medios multimedia		Arquitectura de la información		Diseño de Wideframes	
	Nº alumnos	% alumnos	Nº alumnos	% alumnos	Nº alumnos	% alumnos
4º A ESO	28	100%	28	100%	21	75%
4º D ESO	27	100%	24	89%	16	59%
Total	55	100%	53	96%	37	67%

Elaboración propia de la autora

Como podemos observar a medida que la complejidad de la tarea aumentaba, la tasa de seguimiento de la actividad disminuía. La totalidad de estudiantes eligió sin problemas los formatos multimedia para diseñar el interactivo, sin embargo, tuvieron más problemas para establecer una arquitectura de la información para su web, sólo un 89% de los estudiantes de 4º D, logró completar la tarea. El estructurar pantallas definiendo botones y títulos les resultó aún más esquivo, sólo un 67% del total logró completar la propuesta.

Si bien existe una diferencia notable entre ambos grupos, relacionada con la vieja costumbre de agrupar a los alumnos de acuerdo con su dedicación académica, podemos notar que la sección A tuvo un mayor seguimiento de la actividad, especialmente en el diseño de wideframes. Esto podría atribuirse a una falta de interés, pero también a que no están familiarizados con el diseño de propuestas digitales.

Podemos analizar también la actitud de los estudiantes ante la actividad a través de la observación participante.

- Hemos encontrado que había reticencia ante el cambio de modelo de evaluación ante el miedo de los alumnos de cargarse con más trabajo.
- Si bien los alumnos estaban entusiasmados en el diseño y elección de formatos digitales multimedia, algunos se preocupaban por elegir formatos sencillos, destacándose el vídeo y el audio como canales favoritos.
- Encontramos también que el diseño de la arquitectura de la información tendía a ser muy expositivo, menús que mostraban diferentes opciones de forma esquemática y que básicamente mostraban los diferentes recursos.
- Pese a que el proyecto se realizaba de forma individual, dado que la investigación también lo había sido, los estudiantes consultaban con sus pares las propuestas, de hecho, recomendamos hacer este tipo de proyectos en equipo.
- Los proyectos adolecían de una narrativa seductora que invitara al usuario a participar, seguían un esquema expositivo, que seguía los esquemas de los menús de las antiguas enciclopedias interactivas. Los patrones de navegación eran esquemáticos y jerárquicos, desgranándose en recursos extra como vídeos o enlaces a Wikipedia.
- Pese a sugerirse, no se utilizaron recursos lúdicos para contar las historias.
- Si bien los jóvenes son consumidores, resulta un reto que aprendan a crear mensajes para un público activo que consume elementos multimedia continuamente.

Discusión y conclusiones

Hemos encontrado que, pese a que los alumnos están constantemente consumiendo contenidos digitales tanto en su ordenador, como en el móvil, no están familiarizados con la creación de estos. Para ellos, el salir de su esquema de evaluación a través de ensayos o composiciones les produce cierta reticencia, más si eso puede implicar un esfuerzo extra. También encontramos que los alumnos necesitan indicaciones muy precisas sobre qué hacer, y cuando se les ofrece cierto grado de libertad creativa se sienten presionados y desorientados. Esto fue confirmado por la docente que recomendaba que se les indicara muy específicamente cómo trabajar los temas y qué recursos podían usar para que desarrollaran la actividad.

Esta situación va en concordancia con las críticas de diferentes autores como Aparici (2017) o Pérez Tornero (2010) que afirman que la escuela tradicional no incentiva el espíritu creativo del estudiante, sino que le enseña a seguir instrucciones. También guarda relación con que los estudiantes siguen teniendo una evaluación predominantemente escrita, de tal forma que cualquier actividad que les exija otras habilidades les resulta retadora.

Pese a que los alumnos consumen continuamente contenidos multimedia como audio, vídeos o infografías y son productores constantes de información, les resulta complicado emplear estas herramientas en el aula con objetivos académicos. De hecho, muchos de ellos saben grabar perfectamente con sus móviles e incluso suben esos contenidos a plataformas como You Tube o Instagram, pero no tienen las herramientas digitales para editar vídeos, diseñar infografías o editar y subir audios a la web.

Cuando se les solicita que planteen una historia multimedia si están en capacidad de pensar en un diseño multimedia, aunque suelen centrarse en el vídeo y las fotos.

La producción del interactivo les resulta más compleja cuando se aborda el diseño de la arquitectura de la información. A pesar de que están disponibles plataformas de diseño web tan sencillas como Wix, a los estudiantes se les hacía difícil estructurar su investigación para contar una historia en pantallas no lineales.

Si bien los alumnos lograron culminar con éxito el diseño de sus propuestas, encontramos que la estructura de estas es expositiva y se suele basar en menús en los que se despliegan los diferentes contenidos. Destaca la preminencia del vídeo y los esquemas de textos, así como una narrativa poco compleja. Los esquemas de navegación son jerárquicos y ofrecen muchos recursos externos.

Es muy importante hacer hincapié en la importancia que reviste enseñar a los alumnos a estructurar la información en el entorno digital, debido a que el día de mañana este será el formato en el que deberán hacer propuestas Aprender a diseñar un storytelling interactivo y atractivo que se articule de forma transversal en diferentes asignaturas les ayudará a manejar un nuevo lenguaje y a llevar sus propuestas más allá del aula de clase.

En lo referente al diseño de los wideframes, resultó con diferencia la tarea más complicada para los estudiantes, en el caso de los estudiantes de 4 º A

Sólo el 75% incorporó elementos de diseño de la interfaz como botones o cuadros de vídeo, mientras que en 4º D sólo un 59% añadió estos elementos, en total un 67% de la muestra utilizó recursos gráficos para prototipar sus pantallas.

Resulta muy interesante ofrecer a los alumnos herramientas para prototipar wideframes como Balsamiq o Justinmind, pero aun diseñándolo de forma artesanal, resulta complicado para ellos estructurar los elementos que ya tienen claros con el fin de que los consuma un espectador en una pantalla. Tomando en cuenta la importancia de la página web como nodo de promoción de habilidades y la facilidad con la que las herramientas de diseño web simplifican las tareas de programación, es imprescindible dotar a los alumnos de habilidades de diseño web básicas para que tengan una identidad digital coherente. Esto, debe venir acompañada de una formación en ciberseguridad para que no se pongan en riesgo en un entorno que no les es ajeno.

Por limitaciones de tiempo no pudimos materializar los proyectos en interctivos, sino que nos limitamos al diseño de la experiencia. Sin embargo, es un paso que queremos materializar en próximas investigaciones y en el que ya hemos trabajado anteriormente (Moreno, 2017)

Podemos afirmar que los contenidos que implicaban el diseño de una propuesta multimedia, como selección de formatos y canales fue cumplida con éxito por un 100% de la muestra. Por su parte, el diseño de la arquitectura de información también fue un objetivo de aprendizaje alcanzado por un 96% de la muestra. Por último, el diseño de wideframes o pantallas fue el objetivo más complejo de alcanzar, sólo cumplido por un 67% de la muestra analizada.

El objetivo general de la investigación fue alcanzado, hemos utilizado herramientas digitales para diseñar con éxito la estructura de la información de historias documentales interactivas.

De igual forma, los alumnos aprendieron a desarrollar destrezas básicas en la utilización de diversas técnicas: el diseño de los mapas mentales para la creación de la arquitectura de la información o el prototipado de wideframes, lo que les permitirá en un futuro desarrollar proyectos basados en las tecnologías de la información y la comunicación.

Los alumnos también han aprendido a utilizar de manera adecuada el lenguaje digital con distintas funciones y a diseñar mensajes visuales y audiovisuales con distintas funciones, utilizando diferentes lenguajes y códigos siguiendo de manera ordenada las distintas fases del proceso. (Guión técnico, storyboard).

Los estudiantes lograron comprender los fundamentos del lenguaje multimedia, así como valorar las aportaciones de las tecnologías digitales y ser capaces de elaborar documentos mediante el mismo. Debemos remarcar qu simplemente se diseñó el interactivo, no se llevó a cabo.

Si bien era un objetivo alcanzado durante la investigación inicial de este proyecto, la propuesta se propuso fomentar la consciencia del individuo sobre su historia y cómo afecta su presente y desarrollar la sensibilidad del individuo ante las demostraciones de concordia y paz, aun en situaciones difíciles. Si bien no podemos medir este objetivo, en las propuestas hechas por los estudiantes se evidencia sensibilidad en el abordaje del tema, particularmente si toma como base historias familiares.

Sin embargo, uno de los retos ambiciosos del estudio que se quedaron por cumplir ha sido que los estudiantes crearan historias que retaran al usuario, para ello en futuras ediciones del taller pretendemos ofrecer algunas de las herramientas de la gamificación.

Los narradores que estamos formando están acostumbrados a contar historias, más no a crear experiencias, estos conocimientos, si bien son complejos para estudiantes de secundaria, les serán necesarios en un futuro cuando quieran difundir sus ideas o proyectos en un espacio digital.

Resultaría también interesante hacer hincapié en la transmedialidad, si bien ya un proyecto multimedia es complejo de estructurar, la posibilidad de la web para articular historias a partir de diferentes canales es una posibilidad muy potente que desarrollar dentro del aula de clases.

Referencias Bibliográficas

Aparici, R., & Marín, D. G. (2017). *Comunicar y educar en el mundo que viene*. Editorial GEDISA.

Buckingham, D. (Ed.) (2008). Youth, Identity, and Digital Media. Cambridge, MA: The MIT Press.

- (2007). Media Education: literacy, learning and contemporary culture. Cambridge, MA: Polity Press.

Castells, M., & Andrade, J. A. (2010). La sociedad red: una visión global. *Enl@ ce, 7*(1).

Castells, M. (2007, 24 de noviembre). Estudiar, ¿para qué? La Vanguardia [en línea]. Disponible en: http://egym.bligoo.com/content/view/134411/Manuel-Castells-estudiar-para-que.html [Consulta: 2017, 8 de octubre]

Gabelas, J. A., Marta-Lazo, C., & Aldea, P. G. (2015). El factor relacional a la convergència mediàtica: una proposta emergent. *Anàlisi: quaderns de comunicació i cultura*, (53), 20-34.

Gaudenzi, S., (2009) *Interactive Documentary: towards an aesthetic of the multiple [preview]*. Propuesta pre-doctoral no publicada. Goldsmith University.

Gifreu, A. (2009) La no ficció interactiva : el llenguatge interactiu aplicat al gènere divulgatiu i documental. Tesina pre doctoral no publicada. Universidad Pompeu Fabra.

Mora, F. (2017). *Neuroeducación*. Alianza Editorial.

Moreno, V. (2017) La aplicación del documental interactivo en el ámbito educativo. Tesis Doctoral. Universidad Complutense de Madrid.

Papert, S. (1980) Mindstorms: Children, computers, and powerful ideas.New York: Basic Books, Inc.

Pérez Tornero, J. M. (2000) Las escuelas y la enseñanza en la sociedad de la información. En Pérez Tornero, J.M. (comp.) *Comunicación y educación en la sociedad de la información*, Barcelona: Paidós.

Piaget, J., (1975) *La formación del símbolo en el niño*. México: Fondo de Cultura Económica.

Rheingold, H. (2004). *Multitudes inteligentes*. Barcelona: Gedisa

Scolari, C. A. (2016). Alfabetismo transmedia: estrategias de aprendizaje informal y competencias mediáticas en la nueva ecología de la comunicación= Transmedia literacy: informal learning strategies and media skills in the new ecology of communication. *Telos: Revista de pensamiento sobre Comunicación, Tecnología y Sociedad. 2016;(193): 13-23*. Recuperado de https://repositori.upf.edu/bitstream/handle/10230/27788/Scolari_Telos_alfa.pdf?sequence=1

Vygotsky, L.S. & Cole, M., (1978) *Mind in society*. Cambridge: Harvard University Press.

*Este libro se terminó de elaborar en junio de 2018
en la ciudad de Sevilla, bajo los cuidados de
Francisco Anaya, director de Ediciones Egregius.*